DIME QUÉ COMER
SI TENGO SÍNDROME
DE COLON IRRITABLE

Elaine Magee

Dime qué comer si tengo síndrome de colon irritable

Consejos nutricionales imprescindibles para superar el SCI

EDICIONES OBELISCO

Si este libro le ha interesado y desea que le mantengamos informado
de nuestras publicaciones, escríbanos indicándonos qué temas son de su interés
(Astrología, Autoayuda, Ciencias Ocultas, Artes Marciales, Naturismo,
Espiritualidad, Tradición...) y gustosamente le complaceremos.

Puede consultar nuestro catálogo en www.edicionesobelisco.com

Los editores no han comprobado la eficacia ni el resultado de las recetas, productos, fórmulas
técnicas, ejercicios o similares contenidos en este libro. Instan a los lectores a consultar al
médico o especialista de la salud ante cualquier duda que surja. No asumen, por lo tanto,
responsabilidad alguna en cuanto a su utilización ni realizan asesoramiento al respecto.

Colección Salud y Vida natural
DIME QUÉ COMER SI TENGO SÍNDROME DE COLON IRRITABLE
Elaine Magee

1.ª edición: enero de 2015

Título original: *Tell me What to Eat if I Have Irritable Bowel Syndrome*

Traducción: *Joana Delgado*
Corrección: M.ª Ángeles Olivera
Diseño de cubierta: *Enrique Iborra*

© 2009, por Elaine Magee
Original en inglés publicado por CAREER PRESS, 220 West Parkway,
Unit 12, Pompton Plains, NJ 07444, Estados Unidos
(Reservados todos los derechos)
© 2015, Ediciones Obelisco, S. L.
(Reservados los derechos para la presente edición)

Edita: Ediciones Obelisco, S. L.
Pere IV, 78 (Edif. Pedro IV) 3.ª planta, 5.ª puerta
08005 Barcelona - España
Tel. 93 309 85 25 - Fax 93 309 85 23
E-mail: info@edicionesobelisco.com

ISBN: 978-84-16192-27-4
Depósito Legal: B-24.842-2014

Printed in Spain

Impreso en España en los talleres gráficos de Romanyà/Valls S.A.
Verdaguer, 1 - 08786 Capellades (Barcelona)

Prólogo

Una nueva visión
del síndrome del colon irritable

El síndrome del colon irritable (SCI) es un trastorno en cierto sentido confuso y misterioso que tiene numerosas causas orgánicas y desencadenantes, la mayoría de las cuales no comprendemos totalmente. El SCI es una enfermedad impredecible y molesta, con la que los médicos llegamos a sentirnos tan perplejos y frustrados como los pacientes y sus familiares. Esta pequeña obra ofrece unos consejos honestos y certeros, así como prácticas sugerencias sobre la compra de alimentos, su preparación y las consultas al médico. Comparto en este libro las perlas de sabiduría aportadas durante más de una década por cientos de pacientes con SCI. Espero que este libro y los recursos que contiene puedan ayudar al lector a llevar una vida más fácil y más feliz.

Lo cierto es que el SCI ha sido durante mucho tiempo una dolencia mal interpretada y mal diagnosticada. Si bien no se comprende de manera exacta su mecanismo, se sabe que sus pacientes sufren dos principales problemas:

una mayor sensibilidad y dolor en el aparato digestivo y alteraciones del movimiento intestinal. En el SCI, las neuronas de los intestinos son extremadamente sensibles a los estímulos «nocivos» (alimentos, gases o distensiones) y funcionan de una manera descoordinada que conduce o bien a una actividad rápida y dolorosa, o bien a una lenta y pesada o a unas pautas por completo imprescindibles.

EL SCI es un trastorno en el que los dolores abdominales o las molestias están asociados a la defecación o a un cambio en los hábitos intestinales. Se considera que la frecuencia de las deposiciones es anormal cuando se producen más de tres al día o menos de tres a la semana. Los pacientes con SCI se quejan, asimismo, de unas deposiciones duras o bien líquidas, con sensación de una evacuación incompleta o de retención de heces, distensión abdominal y mucosidades.

Alrededor de un 30 % de pacientes con síndrome del colon irritable tiene como síntoma principal la diarrea, otro 30 %, el estreñimiento, y otro 30 %, una combinación de ambos, que en ocasiones empieza con estreñimiento y acaba en diarrea.

El SCI tiene un diagnóstico muy preciso, y no se puede incluir en esa categoría a pacientes con dolencias vagas. Aproximadamente el 80 % de la información necesaria para diagnosticar un SCI se obtiene del historial médico del paciente. Los síntomas suelen empezar en la adolescencia, y la aparición del SCI es infrecuente después de los 40 años de edad, a menos que se trate de un proceso postinfeccioso o relacionado con la medicación. Cada paciente tiene su propia historia, y si el médico la escucha atentamente, por lo general es el paciente quien tiene la respuesta. Hay ocasiones en las que el historial es el típico del SCI, pero, en otras, los síntomas no recuerdan en absoluto a esta dolencia.

Es importante determinar cuándo y cómo empezaron los problemas intestinales. ¿Aparecieron los síntomas a las pocas semanas de haber tomado un antibiótico? ¿O después de una intoxicación alimentaria o una gastroenteritis? Existen evidencias de que un 30 % de los pacientes con SCI desarrollaron los síntomas tras haber sufrido una enterocolitis por *Salmonella* (salmonelosis). Yo suelo preguntar a mis pacientes por antecedentes como tratamiento con antibióticos, diarrea del viajero, gastroenteritis vírica o una intoxicación alimentaria.

Es bien sabido que tras una gastroenteritis se destruyen las vellosidades del intestino delgado y el epitelio intestinal no secreta la lactasa. Muchos médicos aconsejan a sus pacientes que tras una gastroenteritis prescindan de la lactosa y los hidratos de carbono complejos a fin de evitar una mala absorción de los alimentos, distensiones abdominales y diarreas.

¿Pueden aparecer síntomas de SCI tras un cambio de medicación? Se sabe, por ejemplo, que el Fosamax para combatir la osteoporosis produce acidez de estómago, problemas intestinales o diarrea. Los medicamentos para la hipertensión, como los bloqueadores de los canales del calcio, producen estreñimiento. El hierro causa estreñimiento y los antidepresivos ISRS, como el Zoloff y el Prozac, pueden provocar náuseas y diarrea. Por otra parte, el Paxil, el Remerol y el Effexor suelen producir estreñimiento. Ciertos medicamentos que incluyen estatinas (es decir atorvastatin [Lipitor]) y todos los antiinflamatorios no esteroideos (AINE), como Aleve, Motrin, Aspirina, Bufferin, Excedrin, etcétera) pueden causar trastornos intestinales, en especial si se toman con el estómago vacío. Incluso los inhibidores de la ciclooxigenasa 2 (COX-2) pueden producir hemorragias y problemas intestinales.

Hay otras causas desencadenantes del SCI. A algunos pacientes un suceso traumático, como una agresión o una violación, puede ocasionarles el SCI. Las pastillas anticonceptivas, las hormonas y la menopausia pueden producir alteraciones en la motilidad intestinal. Pensemos en algunos embarazos: hinchazón, ardor de estómago y estreñimiento. Los estrógenos intervienen en la síntesis del óxido nítrico sintetasa, lo cual afecta a la motilidad de los intestinos, produciendo inflamación y disminuyendo el movimiento intestinal. Las causas hormonales del SCI se deben tener en cuenta en pacientes que toman anticonceptivos orales o siguen una terapia de sustitución hormonal.

El tabaquismo puede ocasionar dolor abdominal, calambres y diarrea. Las mujeres fumadoras que toman anticonceptivos orales corren un gran riesgo, pues la combinación de ambas cosas puede ocasionar coágulos sanguíneos y derrames cerebrales. Un historial de desordenes alimentarios, anorexia nerviosa o bulimia puede acabar también en una disfunción intestinal. Ese tipo de pacientes puede mejorar con la ayuda de un nutricionista. La falta de sueño y de ejercicio físico afecta a la motilidad de los intestinos. Así pues, todo aquello que proporcione un estado global de bienestar ayudará a los pacientes con SCI, desde un corazón sano, a una dieta sin tabaco, a la natación, el senderismo y el yoga.

Entre los «**síntomas de alarma**» cabe destacar hemorragias, fiebre, sudores, escalofríos, pérdida de peso, historial familiar de celiaquía, enfermedad de Crohn o cáncer de colon. La presencia de cualquier síntoma alarmante implica llevar a cabo pruebas diagnósticas, como colonoscopias, escáneres, análisis de sangre o de heces.

En cuanto a los problemas de la alimentación, existen algunas soluciones: si se evita los alimentos que causan problemas se reducen los síntomas. Hay pacientes que son sensibles a ciertos alimentos que les producen distensión abdominal. Quienes tienen intolerancia a la lactosa sufren hinchazón y dolor abdominal al cabo de una o dos horas de haber consumido ese azúcar natural presente en los productos lácteos. Existen otros azúcares que no se digieren fácilmente, y uno de ellos es la fructosa, el azúcar natural de la fruta. La fructosa requiere un trasportador especial en el intestino para que el organismo la pueda absorber bien. Cuando ese trasportador está saturado o no funciona, parte de la fructosa queda en el tracto intestinal con las bacterias que viven en el colon. Los productos que contienen sirope de maíz rico en fructosa, como Gatroade, los zumos de manzana edulcorados y Snapple, pueden producir molestias y distensión abdominal. Otros desencadenantes de estas molestias son las bebidas carbónicas, como la soda, el agua con gas y la cerveza. El gas de estas y otras bebidas provocan molestias intestinales, eructos y dolores. Los edulcorantes artificiales, como el sorbitol (en los chicles y caramelos *light*) pueden causar también problemas gastrointestinales. Si eres una persona diabética y sufres esos problemas, intenta evitar los pasteles y dulces «dietéticos», y sustitúyelos por cereales o frutas siempre que necesites tomar un tentempié.

La conclusión que extraerás de toda la información contenida en este libro es que cada paciente tiene un tipo de enfermedad y la percibe y afronta de manera diferente. Ciertamente, cada paciente es único, pero yo espero que aquí encuentres consejos que han ayudado a otras personas con casos similares al tuyo. En este libro hallarás unos cuantos ejemplos de los pacientes con SCI que yo he tratado.

La medicación del SCI

Más adelante, se comentarán los diferentes tratamientos. A veces la clave para algunos pacientes reside en tomarse los medicamentos en un momento concreto. Una de mis pacientes llevaba un diario donde anotaba el momento en que tomaba la medicación y el efecto que ésta le producía. El diario nos permitió realizar una evaluación al comer cada día a la misma hora, con el estómago vacío entre cada toma de la medicación que le receté, y las comidas le resultaron también de mucha ayuda. Descubrimos que los fármacos para el tratamiento del SCI funcionaban mejor con el estómago vacío, así como comer después de que hubieran trascurrido de 45 a 60 minutos de las tomas.

Alcoholes de azúcar

Siempre digo a los pacientes con problemas de distensión abdominal que eviten el sorbitol, un alcohol de azúcar que se utiliza como edulcorante en el chocolate, los chicles, los dulces y otros productos *light*. Según parece, los síntomas producidos por la ingesta del sorbitol se deben a la fermentación de los hidratos de carbono del colon. Otros edulcorantes, como el aspartamo, pueden ocasionar náuseas y otros síntomas. Lo mejor que se puede hacer es evitarlos. A los pacientes que necesitan realmente un edulcorante les aconsejo que tomen una pequeña cantidad de miel.

Suplementos

Hay muchos suplementos de calcio (como los elaborados con las conchas de las ostras) que son difíciles de digerir y pueden causar distensión abdominal y estreñimiento. Esto se debe a que el calcio no es «biodisponible»: en vez de ser absorbido en la sangre permanece en los intestinos, y eso no es nada bueno. Los suplementos que suelen tolerarse bien son: el carbonato de calcio (TUMS, tabletas masticables), el chicle de calcio (para niños, o calcio VIACTIVE con vitamina D) o el calcio en polvo para espolvorear sobre los alimentos. Algunos zumos de naranja están enriquecidos con calcio, y la vitamina C en estos zumos contribuye a su absorción. Sin embargo, no está claro que el calcio sea tan adecuado como creíamos para la salud de los huesos. El ejercicio físico y la ingesta de vitamina D pueden ser tan o más importantes.

Los suplementos con magnesio son beneficiosos para los pacientes con estreñimiento, pues este mineral ablanda las heces. Las personas que sufren diarrea no deben tomar magnesio, ya que les agravaría su problema. También quienes tienen problemas renales deben ser precavidos con el magnesio. No se debe tomar ningún suplemento sin consultar previamente con el médico. La vitamina C es también un laxante natural pero todas las vitaminas deben tomarse bajo la supervisión del médico. Incluso los productos «naturales» y «saludables» pueden producir piedras en el riñón, enfermedades renales y fallos hepáticos. Cuidado con los «desintoxicantes» que se venden en Internet: son productos falsos y engañosos. En el colon no se acumulan toxinas; en realidad, el recubrimiento interno del colon (la mucosa) es tan limpio y rosado como la mucosa de la boca.

Antibióticos

Informa a tu médico si has tomado antibióticos en los meses previos a los inicios sintomáticos del SCI. Las personas que han seguido un tratamiento con antibióticos son hasta tres veces más propensas a contar en su historial con síntomas del síndrome del colon irritable. Es posible que los antibióticos cambien las bacterias comunes que viven en el intestino, o bien que provoquen a corto plazo un proceso inflamatorio que ocasione una sensibilización especial en los intestinos. Estos fármacos pueden llegar a producir una infección secundaria denominada *Clostridium difficile* (*C. difficile*), un proceso infeccioso bacteriano que causa fiebre y diarrea durante unas cuantas semanas, si bien raras veces conduce a una enfermedad grave o mortal. *C. difficile* suele tratarse con metronidazol.

Probióticos

En pacientes que han tomado antibióticos asociados al SCI o que sufren trastornos postinfecciosos es muy útil el uso de un probiótico como *Saccharomyces boulardii* (Florastol) para tratar las heces líquidas, molestias intestinales e incontinencia fecal. Este probiótico puede tomarse junto a un antibiótico para prevenir *C. difficile*.

La mayoría de los probióticos causan distensión abdominal y no suelen ser efectivos, ni tampoco vale la pena gastar dinero en ellos. Sin embargo, los estudios realizados han demostrado que *Bifidobacterium* (Align) mejora los síntomas bioquímicos y clínicos en pacientes con SCI. Son bacterias gram-positivas que ayudan a controlar los gases, la distensión abdominal, la incontinencia fecal y la alternancia en la función intestinal (estreñimiento alternado con diarrea). Yo aconsejo a mis pacientes que tomen Align unos 20 minutos antes de comer. Algunas personas sienten cierta distensión al principio del tratamiento; si sirve de ayuda, puede tomarse indefinidamente. Hay pacientes que toman Align cuando creen que van a tener una mala semana; otros lo toman a diario. Los probióticos no deben suministrarse a personas con inmunodepresión (pacientes que, por ejemplo, se someten a quimioterapia o tienen sida), pues pueden desarrollar un proceso séptico (infección).

Hormonas

En algunas pacientes, los trastornos intestinales pueden estar relacionados con el inicio de un nuevo tratamiento anticonceptivo oral, el embarazo, la menopausia o la menstruación. En estos casos, hay que acudir a un ginecólogo y consultarle si seguir un tratamiento de sustitución hormonal o tomar algún medicamento sin receta. Una dosis más alta de progesterona, o pastillas para reducir el nivel de estrógenos puede ayudar a quienes sufren náuseas y necesitan ganar un poco de peso.

Alimentación y estilo de vida

Cosas que hay que fomentar:

- Ejercicio físico (el ejercicio ayuda a la mayoría de los pacientes a que sientan un mayor bienestar general).
- Sueño (hay que dormir un mínimo de 7 a 8 horas diarias).
- Fibra soluble (como avena, cebada, alubias, plátanos, etcétera).
- Agua (beber agua es esencial para las personas con estreñimiento).

Cosas que hay que eliminar o limitar:

- Fumar.
- Tomar alcohol.
- Ingerir alimentos ricos en grasas, fritos y comida rápida.
- Consumir edulcorantes artificiales (sorbitol, sacarina, NutraSweet) si no se toleran bien.
- Ingerir sirope de maíz rico en fructosa.
- Tomar bebidas carbónicas si no se toleran bien.
- Consumir chicle, si no se tolera bien.
- Tomar glutamato de sodio (GMS, E-621).
- Comer alimentos que dejen muchos residuos (como la piel de la berenjena).

- Ingerir verduras crudas como el brócoli o la col, cuya digestión es difícil (es mejor tomar sopa de verduras).

Distensión y espasmos intestinales: antiespasmódicos

He descubierto que el antiespasmódico más eficaz para mis pacientes es la nueva fórmula de un viejo medicamento llamado hiosciamina. Se ha demostrado que la hiosciamina es eficaz contra el dolor asociado al SCI. Según mi experiencia, una dosis adecuada y bien tolerada para pacientes con síntomas moderados es de 0,125 mg dos veces al día (tratamiento sublingual). He podido comprobar que funciona al cabo de unos 15 a 30 minutos después de tomarla, y en ocasiones a los pocos minutos el paciente ya encuentra alivio. Al inicio de los espasmos, debe ponerse la hiosciamina debajo de la lengua, pues cuanto antes llega la medicación a los tejidos blandos, mejor. De este modo el ataque espasmódico, que por lo general suele durar horas, puede ceder o minimizarse. Si mis pacientes se enfrentan a un viaje en tren, avión o autobús y tienen miedo de tener incontinencia fecal y diarrea, utilizan la hiosciamina, pues les proporciona un tiempo extra y posiblemente les evita un episodio embarazoso.

En cuanto a la distensión abdominal a veces es eficaz tomar una enzima digestiva (Ultrase MT20). Debe tomarse con las comidas, por ejemplo, una cápsula cuando se han dado tres o cuatro bocados y otra antes de acabar de comer. Las enzimas digestivas son especialmente necesarias para los pacientes con insuficiencia pancreática, celiaquía o fibrosis quística, muchos de los cuales sufren, además, los síntomas del SCI.

Tratamientos para la diarrea

La loperamida es un fármaco que retarda el tiempo de tránsito de las heces a través del colon e incrementa la reabsorción de agua en los intestinos. La dosis de inicio es de 2 mg al día, para el tratamiento de la diarrea. No sabemos a ciencia cierta lo seguro que es usarla a largo plazo. En pacientes con diarrea pospandrial, el uso de lomotil, immodium, pamina, immodium o hiosciamina unos 30 minutos antes de una comida abundante o un evento social importante puede mejorar o evitarles los síntomas. Es importante antes de bloquear la motilidad intestinal estar completamente seguro de que el paciente no sufre una infección o tiene una obstrucción parcial. En casos de diarrea media, una dosis de Florastaor al día (antes de las comidas) puede ser eficaz, o bien dosis diarias en caso de diarrea severa. A las mujeres con diarrea severa de SCI les puede ir bien tomar alosetron (Lotronex), un medicamento con receta médica. Este fármaco no puede administrarse a pacientes con colitis isquémica, coágulos sanguíneos o con riesgo de tenerlos. El Lotronex puede «salvar la vida» a pacientes que se encierran en sus casas por miedo a la diarrea.

Enzimas digestivas

Las enzimas pancreáticas, como la Ultrase MT20, son eficaces para ayudar a la digestión. Estas enzimas son una gran ayuda para pacientes con celiaquía, fibrosis quística, insuficiencia pancreática y malas digestiones. El truco está en que la lipasa que contiene tiene que liberarse intacta en el intestino delgado. El recubrimiento de la cápsula tiene que ser pH dependiente para ser liberada en proporción «alcalina» en el duodeno, y no en el estómago. Las enzimas que se venden sin receta médica no son por lo general efectivas y su precio no merece la pena. Si necesitas enzimas digestivas, pide a tu médico que te las prescriba. Ultrase es una buena marca, pues ha demostrado que tiene un buen efecto terapéutico y se suministra en polvo (sin gluten) para tomarlo con leche, como un batido, o bien ya listo para beber (sin lactosa). Muchas de las enzimas digestivas están elaboradas a partir de derivados porcinos y, por consiguiente, si eres alérgico al cerdo no debes tomarlas.

Tratamiento con fibra

Es muy importante diferenciar la fibra cruda (residual) de la fibra soluble. Algunos pacientes con SCI no toleran los residuos (salvado, pimientos, la piel de berenjenas, etcétera) debido a los gases que producen y el malestar que les provocan. La fibra soluble (harina de avena, boniato, bayas) se tolera mejor. No suelo recetar suplementos de fibra a pacientes con SCI debido a los efectos secundarios: flatulencia y malestar. Les aconsejo que cocinen muy bien las verduras blandas: espinacas, escarola, judías verdes, puerros, nabos, remolachas y chirivías. Los pacientes que no toleran las ensaladas, pero quieren tomar verdura, pueden hacerlo ingiriendo las saludables y caseras sopas vegetales.

Tratamiento con antibióticos

La rifaximina es un fármaco aprobado por la Agencia Norteamericana del Medicamento para el tratamiento de la diarrea del viajero (Xifaxafan [nombre comercial en Estados Unidos], en dosis de 3 veces al día durante 3 días). Este fármaco actúa principalmente en el lumen del tracto intestinal y ha demostrado que es eficaz en el tratamiento de la distensión abdominal, la flatulencia, la hinchazón y las diarreas relacionadas con el SCI. La rifaximina es un antibiótico no absorbible (es decir, no es absorbido en el flujo sanguíneo a través del estómago, sino que suele permanecer intacto en el tracto intestinal).

Empecé a investigar el uso del Xifaxafan en pacientes con síndrome premenstrual (SP) y SCI. Se trata de pacientes en los que se agrava el SCI cuando tienen el SP. Las dosis terapéuticas varían, pero la dosis inicial es de 200 mg, 3 veces al día, durante 3 días. En los casos de sobrecrecimiento bacteriano (caracterizado por un exceso de gases, gases malolientes, espasmos, hinchazón y a veces mal aliento), administramos a los pacientes una dosis mayor (de 3 pastillas, 3 veces al día, durante 14 días).

¿Y qué ocurre cuando el SCI parece acaecer tras una infección o una intoxicación alimentaria?

Las gastroenteritis, los rotavirus o las infecciones como la disentería, la salmonelosis o la llamada «venganza de Moctezuma» pueden acarrear los síntomas del SCI. En esos casos, trato a mis pacientes con una dieta baja en hidratos de carbono, en lactosa y en fibra. Les receto, además, Xixafan 3 veces al día, de 3 a 10 días, dependiendo de la severidad del episodio. A menudo a esto le sigue un tratamiento con Florastor de Aling (250 mg, una vez al día, antes de comer).

Alosetron para la diarrea del SCI (Lotronex, nombre comercial en Estados Unidos)

El mayor avance en el tratamiento de la diarrea del SCI ha sido el desarrollo del fármaco Alosetron, el cual ralentiza la motilidad intestinal. En el año 2000, este medicamento se retiró del mercado debido a algunas complicaciones. Los riesgos que comporta Alosetron (isquemia y estreñimiento) son más comunes en la población de mayor edad, y pueden estar relacionados con la dosis.

Alosetron sólo está disponible con receta médica, pero lo cierto es que puede ser imprescindible para algunos pacientes. El médico y el paciente deben asumir de manera anticipada y por escrito los riesgos e indicaciones de Alosetron. En la consulta, solemos recetar Alosetron 0,5 mg, 2 veces al día. Yo recomiendo a mis pacientes que beban mucha agua y que dejen de tomar el medicamento si ya no experimentan más movimiento intestinal. Por otra parte, les digo que tomen Alosetron después del primer movimiento intestinal del día, ya que de este modo no llegarán a sufrir estreñimiento.

Este fármaco está indicado para mujeres con diarrea severa del SCI, pero no lo aconsejo a pacientes con angina inestable, cardiopatías, enfermedades cardiovasculares, fumadoras que toman anticonceptivos orales u hormonas, o cualquier otro paciente que considere que puede desarrollar coágulos sanguíneos o una embolia pulmonar.

¿Qué puedo comer, doctor?

A continuación se muestra lo que pretende ser una guía general que varía dependiendo del paciente. Si tienes celiaquía o sprue, evita tomar trigo, cebada, centeno y derivados.

- **Fibra soluble, generalmente tolerable si la tomas con moderación:** copos de avena, bayas, remolacha, legumbres cocidas, sopa de guisantes secos, guisantes frescos, zanahorias, ñames o boniatos, melocotones, papayas, mangos, kiwis, yogur biológico, pescado, gambas, arroz, pasta, cuscús, claras de huevo cocidas, sopa de lentejas, sopa de pollo casera, fideos chinos, Cornflakes (copos de maíz), Rice crispies (copos de arroz), Special K, manzanilla e infusiones, nectarinas, albaricoques, ciruelas, sandía, melón, aguacates, peras, bizcocho «pastel de ángel», aceite de oliva, brócoli y coliflor (se toleran mejor en crema o puré); espinacas tiernas y cocidas, sopa vegetal casera, waffles, crepes, puré de patatas, galletas saladas bajas en sal, galletas de arroz, galletas de soda sin sal, lechuga tierna en pequeñas cantidades, carne guisada, zanahorias cocidas en poca cantidad, apio, y calabacines con arroz.
- **Sé precavido con:** cítricos, barbacoas, alcohol, uvas, chocolate, brócoli crudo, coliflor cruda, col, col rizada, ensalada de col cruda, fiambres, lechuga iceberg, palomitas de maíz, productos lácteos, cafeína, tomates y lactosa.
- **Evita la fibra cruda (residuos):** Fiber One y Raisin Bran (cereales de desayuno); la piel de las berenje-

nas, del pepino y de las patatas; GMS (glutamato monosódico); semillas grandes, frutos secos, grasas, alimentos fritos, bebidas carbónicas, sirope de maíz rico en fructosa (Gatorade o Snapple); ajos, cebollas, salvado, sorbitol, todos los edulcorantes artificiales, té verde (náuseas).

Los síntomas del SCI son habituales en muchos países occidentales y, en Estados Unidos, por ejemplo, afectan a una de cada cinco personas. Bajo los síntomas del SCI se engloban diversos y complejos trastornos que con frecuencia se confunden con celiaquía, infecciones bacterianas, gastroenteritis infecciosa y dolencias inflamatorias del intestino de carácter leve. El primer paso para tratar el SCI es realizar un diagnóstico preciso de esta enfermedad. El paso siguiente es revisar la dieta y el estilo de vida del paciente, haciendo hincapié en eliminar el consumo de tabaco y de alcohol y seguir una alimentación baja en grasas. Después, es necesario introducir una medicación adecuada. No importa la gravedad de los síntomas de SCI que estés sufriendo: ¡no te dejaremos hasta haber descubierto unos cuantos tratamientos efectivos que te ayudarán!

Doctora CHRISTINE L. FRISSORA
profesora adjunta del Weill Medical College
de la Cornell University

Introducción

Sé que la etiqueta «síndrome de colon irritable» puede parecer un tanto embarazosa (y ser objeto de chanzas), y sé que los síntomas pueden ser muy inoportunos, dolorosos y extenuantes (como poco), pero ten en cuenta dos cosas: 1) No estás solo (en Estados Unidos, por ejemplo, uno de cada cinco adultos está afectado por el SCI y de un 60 a un 65 % son mujeres; 2) Hay cosas que puedes hacer, y que están al alcance de tu mano, para mitigar los síntomas y llevar una vida más confortable.

Cuando aparece el síndrome del colon irritable (SCI), en el organismo suceden cuatro cosas:

1. Quienes sufren el síndrome experimentan que el intestino delgado se mueve con demasiada rapidez o demasiada lentitud.
2. Las personas con SCI parecen especialmente sensibles a la presión física que tiene lugar en el intestino (el dolor y las molestias se incrementan).
3. Existen frecuentes factores psicosociales que pueden contribuir a que los intestinos reaccionen de manera

enérgica; por ejemplo, las personas con SCI suelen reaccionar en mayor medida frente al estrés.

4. Las hormonas influyen en los nervios, que indican a los músculos del colon que se contraigan. Los cambios hormonales, por ejemplo los de los dos primeros días de la menstruación, pueden desencadenar una variedad de síntomas (espasmos dolorosos, distensión abdominal, estreñimiento, diarrea).

¿Qué tiene que ver el cerebro con el SCI?

Nuevas investigaciones realizadas en UCLA (Universidad de California, en Los Ángeles) indican que las mujeres con SCI tienen una respuesta cerebral diferente frente al dolor abdominal que las mujeres sin este síndrome. Otras investigaciones previas habían demostrado que en la mayoría de las personas, el cerebro se prepara para el dolor de tal manera que puede inhibir o ampliar la sensación del mismo. Los estudios de la UCLA sugieren que los pacientes con SCI no pueden rechazar la ampliación de la respuesta de dolor, lo que les convierte potencialmente en personas más sensibles incluso al dolor y a las molestias de carácter leve (*Journal of Neuroscience,* 9 de enero de 2008).

Buenas y malas noticias...

El diagnóstico del SCI alberga una noticia buena y otra mala. La mala noticia es que es una dolencia que no tiene cura. La buena, en cambio, es que se trata de una enfermedad que nunca te matará o afectará gravemente a tu salud. En realidad, más o menos un 60 % de las personas con síntomas del SCI no siguen ningún tipo de tratamiento médico, sino que tan sólo sobrellevan el síndrome. Lo sé porque pertenezco a la tercera generación de mi familia con síndrome del colon irritable.

Así pues, ¿qué podemos hacer? Pues como mínimo podemos sentirnos mejor para poder afrontar la vida con esta dolencia. Podemos seguir una dieta saludable (rica en alimentos con fibra que nuestro organismo tolere), beber mucha agua, evitar los alimentos que nos sienten mal y encontrar el modo de minimizar y controlar el estrés en nuestra vida.

Pero hay que advertir una cosa: tratar el SCI se asemeja a querer hacer diana en un objetivo en constante movimiento. Y es que los síntomas del SCI no sólo varían en cada individuo, sino que, además, en una misma persona pueden cambiar de una semana a otra. En cuanto a los diferentes tratamientos que existen, funcionan en unas personas y en otras, no. La única manera de saber si a ti te va a ir bien es probarlo y esperar a ver qué pasa.

Para acabar de complicar más el tema, el tratamiento que elijas para afrontar un síntoma puede desencadenar otro nuevo. Así pues, respecto al SCI, debes elegir los tratamientos con prudencia. Y de eso trata este libro: de presentar los posibles y diversos tratamientos del SCI (así como información segura de tratamientos médicos) que han contribuido a hacer más llevadera la vida de muchos de sus pacientes. Las personas que no responden ni a los fármacos ni a los cambios de alimentación quizás deseen centrarse en tratamientos psicológicos específicos para el SCI. La psicoterapia individual o en grupo, los ejercicios de relajación, la meditación, la biorretroalimentación o *biofeedback* y la hipnosis pueden ayudar a aliviar algunos de los síntomas.

No estás solo

Hace ya mucho tiempo que el SCI existe. Se sabe que ya en el año 1800 se prescribían fármacos para combatir este síndrome. Después del resfriado común, el SCI es la dolencia que más días de trabajo hace perder, y hasta un 40% de las visitas realizadas a los gastroenterólogos están relacionadas con esta patología. Y un dato que considero interesante es que el SCI es común en países culturalmente muy diferentes del mío, Estados Unidos, pues también se padece en Japón, China e India, por ejemplo. El SCI afecta de un 5 a un 10% de la población tanto del mundo desarrollado como el del mundo subdesarrollado. Así pues, no estás solo.

Intestinos

Si has tenido estreñimiento o diarrea, sabiendo del modo en que funciona supuestamente el colon, podrás comprender lo que sucede en tu cuerpo. De modo que vamos a repasar el modo en que trabajan los intestinos delgado y grueso, a los que se les denomina, en conjunto, intestinos.

Una vez que el estómago ha convertido los alimentos en una papilla, la libera al intestino delgado en pequeñas cantidades. La absorción de los nutrientes y de las calorías tiene lugar en el intestino delgado. El páncreas aporta enzimas que ayudan a digerir los alimentos en general, y la bilis procedente de la vesícula y del hígado contribuye a descomponer la grasa en particular.

¿Qué es lo que se absorbe? Los hidratos de carbono son descompuestos en azúcares y son absorbidos. Las proteínas son descompuestas en aminoácidos y son absorbidos. Las grasas son descompuestas en ácidos grasos y glicerol, que son absorbidos. Las vitaminas y los minerales, junto a otros importantes nutrientes que obtenemos de los alimentos, son absorbidos a través del flujo sanguíneo en el intestino delgado. ¿Y qué es lo que no se absorbe? La fibra (se hablará de ella en otros capítulos).

Los desechos restantes son trasportados al intestino grueso, también llamado colon. La tarea principal del intestino grueso consiste en reabsorber el agua y las sales de los alimentos a medida que los desechos alimentarios van pasando por su interior. Esto ayuda a la formación de las heces sólidas, que en teoría deben ser expulsadas del organismo a través del recto en un par de días (de manera fácil y cómoda).

Los movimientos intestinales son controlados por los nervios, las hormonas y la actividad eléctrica de los músculos del colon. Estos músculos son los que poco a poco impulsan la materia fecal hacia el recto. Las deposiciones «normales» pueden darse de tres veces al día a tan sólo tres veces a la semana. Un movimiento «normal» es aquel en el que las heces no son duras, no hay sangre y tiene lugar sin espasmos ni dolores.

A veces, el intestino delgado tiene demasiada agua que reabsorber, o los desechos pasan a través de los intestinos con demasiada rapidez, de modo que éstos no pueden llegar a reabsorber suficiente agua, y el resultado son unas deposiciones frecuentes y/o líquidas (diarrea). A veces no hay suficiente agua, o los desechos tardan bastante tiempo en pasar por el intestino delgado, y entonces se producen unas deposiciones infrecuentes, duras y difíciles (estreñimiento).

La relación cuerpo-mente

Quienes tenemos el SCI lo contemplamos como una dolencia sobre todo física, pero lo cierto es que tiene un componente psicológico. Algunos investigadores consideran que cerca de la mitad de los pacientes que buscan asistencia médica para esta enfermedad sufren depresión o ansiedad. Los médicos han comprobado que algunos de sus pacientes con SCI han visto convertida su ansiedad en síntomas físicos. En estudios recientes, los pacientes con SCI demostraron que tenían un umbral de dolor más bajo (se sentían peor que las personas que sin sufrir del SCI tenían la misma cantidad de dolor inducido), y también mayor grado de ansiedad que las que no tenían SCI. Algunos investigadores de UCLA sospechan que los pacientes con SCI no pueden rechazar la amplificación de la respuesta del dolor de su organismo, por lo que llegan a ser más sensibles incluso en casos de malestar leve.

Piensa en el momento en que empezaste a padecer SCI. ¿Qué estaba sucediendo en tu vida? La mayoría de los pacientes han comentado que justo antes de que se manifestara este síndrome les había sucedido algo muy estresante, como, por ejemplo, un divorcio o una separación, la muerte de su pareja o de un familiar, un traslado o un cambio de trabajo.

La mayoría de las personas cuentan que los síntomas de colon irritable que padecen se acentúan cuando están estresadas. Por consiguiente, si tienes este síndrome, debes aprender a controlar el estrés y a reducirlo lo máximo posible. Muchos de nosotros ni siquiera nos damos cuenta de qué es lo que nos estresa. Es posible que necesites ayuda profesional para discernir qué cosas te desencadenan estrés, quizás sacar conclusiones precipitadas, ser perfeccionista en extremo o ahogarte en un vaso de agua. A veces, el sobreesfuerzo que hacemos por mejorar las cosas sólo nos conduce al estrés.

Está claro que de lo que trata este libro es del SCI y de la alimentación, pero he aquí unas cuantas sugerencias no relacionadas con la alimentación que quizás desees tener en cuenta:

- Practica algunos métodos de relajación (respiración profunda, relajación muscular, visualización, ejercicio físico y otros).
- Proporciona a tu cuerpo el descanso que necesita.
- Establece tus prioridades de una manera realista.
- Acepta, adáptate y aprende a dejarte llevar.
- Junto a tu equipo de salud (lo ideal sería un gastroenterólogo, un psicólogo y un dietista), desarrolla un tratamiento adecuado. Si no lo has hecho aún, habla con tu médico o con un gastroenterólogo para que comprueben que realmente tienes el SCI, pues hay otras muchas enfermedades que tienen unos síntomas similares.

Guía alimentaria para el estreñimiento relacionado con el SCI

Si tienes estreñimiento a causa del SCI es probable que sepas lo importante que es tomar alimentos con un alto contenido en fibra. Para empezar, un buen punto de partida es seguir la recomendación de la Asociación Norteamericana de Dietistas (ADA, según sus siglas en inglés) de tomar de 20 a 35 g de fibra al día. Pero para que funcione de verdad el plan de tomar una dieta rica en fibra, tienes que hacer tres cosas:

1. Alcanzar el objetivo más alto (de 20 a 35 g de fibra al día) con la mayor frecuencia posible.
2. Conseguir que funcione mejor repartiendo la ingesta de fibra a lo largo del día.
3. Beber mucha agua y bebidas sin cafeína y sin gas durante todo el día: la fibra trabaja mucho mejor en los intestinos si puede contar con mucha agua. Ésa es una de las razones por la que es bueno tomar fruta y verdura, alimentos con un gran contenido en fibra, que, por lo general, se complementan con su propio contenido en agua.

Para conseguir tu nuevo objetivo diario de tomar de 20 a 35 g de fibra del modo más rápido y menos penoso posible, aquí tienes las cinco maneras más rápidas para poder tomar 25 g de fibra al día.

1. ¡A por los cereales integrales!

Puedes conseguir fácilmente 4 g de fibra con una ración de cereales integrales. Aquí tienes unos cuantos ejemplos:

- 1 o 2 rebanadas de pan integral.
- 1 taza de arroz integral.
- 1 ½ o 2 cucharadas de semillas de lino molidas.
- 9 crackers (galletas saladas) bajos en grasa y algunos cereales integrales.

2. Cereales de desayuno

Hay algunos cereales de desayuno que contienen 5 g o más de fibra por ración. Pueden ayudar a algunas personas con SCI, pero también pueden producirles distensión abdominal. Aquí facilito unos cuantos ejemplos:

- 1 taza de Raisin Bran = 8 g de fibra.
- ½ taza de All-bran = 10 g de fibra.
- 1 taza de Frosted Shredded Wheat = 5 g de fibra.
- 1 ¼ de taza de copos de avena cocidos = 5 g de fibra.

Consejo: añade algunas bayas (frutos del bosque) a tus cereales.

3. Legumbres

Las legumbres aumentarán tu consumo de fibra. Con las legumbres envasadas lo tienes fácil, y con sólo 110 g (½ taza) ya obtienes 6 g o más de fibra. Aquí tienes unos cuantos ejemplos:

- ½ taza de alubias fritas sin grasa (Ortega Fat Free Beans)= 9 g de fibra.
- ½ taza de alubias de riñón cocidas = 6 g de fibra.
- ½ taza de alubias con chili (S&W Chili Beans) = 6 g de fibra.

Toma raciones pequeñas de legumbres hasta comprobar cómo las tolera tu organismo. A algunas personas les producen distensión abdominal e inflamación. El Beano es un suplemento enzimático natural que contiene Alpha-galactosidasa y que contribuye a descomponer los azúcares complejos de los alimentos que ocasionan gases, como, por ejemplo, la soja, los cereales, las alubias, las verduras y los frutos secos.

4. Introduce un poco de fruta en tu dieta diaria

- 1 manzana = 3,7 g de fibra.
- 1 plátano = 2,8 g de fibra.
- 1 pera = 4 g de fibra.
- 1 taza de fresas = 3,8 g de fibra.
- 1 taza de trozos de melocotón (natural o conservado en su jugo) = 2,3 g de fibra.

- 1 taza de trozos de nectarina = 2,5 g de fibra.
- 1 taza de melón troceado = 1,4 g de fibra.

5. Pon un poco de verdura en tu día a día

- 1 taza (120 g) de zanahorias troceadas = 5 g de fibra.
- 1 taza (150 g) de brócoli cocido = 4,5 g de fibra (puede ocasionar distensión abdominal).
- 1 boniato = 4 g de fibra.
- 1 taza (150 g) de coliflor cocida = 3 g de fibra.
- 2 tazas (450 g) de espinacas crudas = 3 g de fibra (puede ocasionar distensión abdominal).

Entrante fácil de 7 capas y alubias

Ingredientes para 6 raciones grandes, aunque la ración de alubias que contiene es pequeña

- 450 g de alubias fritas sin grasas (envasadas)
- ½ cucharadita de chile en polvo (opcional, si lo toleras bien)
- ⅛ de cucharadita de pimienta negra (añade más si lo deseas)
- ¼ de cucharadita de tabasco (agrega más si lo desea, opcional dependiendo de la tolerancia)
- 50 g de crema agria desnatada
- 100 g de queso cheddar rallado bajo en grasa
- 180 g de tomates picados
- 5 cebolletas picadas (si las toleras bien)
- 50 g de aceitunas negras picadas (opcional)

Sugerencias de aderezo: chips bajos en grasa; tortillas blandas o pan pita cortado en triángulos, o crudités de verduras, como palitos de apio, de zanahoria o nabos.

1. Pon las alubias en un cuenco pequeño y caliéntalas en el microondas durante unos 2 minutos. Mézclalas con el chile en polvo, la pimienta y el tabasco al gusto. Distribuye bien la preparación en una bandeja de hornear de 20 x 20 cm y deja que se enfríe.
2. Vierte la crema agria sobre las alubias, y encima de éstas espolvorea el queso rallado y después los tomates picados, de manera que todo esté bien distribuido. Añade las cebolletas y las aceitunas (opcional). Consérvalo en la nevera hasta que lo vayas a consumir.
3. Sírvelo con cualquiera de los aderezos sugeridos.

Datos nutricionales por ración (no se incluyen los aderezos): 145 calorías, 10 g de proteínas, 3 g de grasas (2 g de grasas saturadas), 10 mg de colesterol, 4 g de fibra, 400 mg de sodio. Calorías procedentes de las grasas: 21%.

Verduras crucíferas gratinadas

Ingredientes para 6 guarniciones
- 450 g de ramitos de coliflor
- (reserva 200 g, aproximadamente, de los tallos de la coliflor)
- 450 g de ramitos de brócoli
- 2 cucharadas de escalonias picadas (si las toleras)
- 1 cucharada de ajo picado

- 1 lata de sopa de champiñones (puedes sustituirla por caldo de pollo o de verduras)
- 250 ml de nata líquida desnatada (o leche entera y desnatada, mitad y mitad)
- 1 o 1 ½ cucharaditas (o al gusto) de rábano picante (si lo toleras)
- sal y pimienta molida al gusto
- 50 g de queso gruyer rallado (puedes sustituirlo por queso suizo bajo en grasa)

1. Pon la coliflor, el brócoli y 75 ml de agua (¼ de taza) en un recipiente, cúbrelo y cuécelo en el microondas a máxima temperatura durante unos 4 o 5 minutos, o hasta que esté tierno.
2. Mientras, calienta una cacerola antiadherente a fuego medio con un poco de aceite de girasol o de oliva. Añade los tallos de coliflor troceados, las escalonias y el ajo, y saltea todo hasta que las verduras estén tiernas, pero no doradas. Agrega la sopa de champiñones o el caldo que prefieras y guísalo todo hasta que se evapore casi todo el caldo. Pásalo a un robot de cocina o batidora de vaso, junto a la nata líquida, y bátelo bien hasta que obtengas una pasta suave. Incorpora el rábano picante, si lo deseas, y un poco de sal y pimienta.
3. Engrasa una bandeja para el horno con un poco de aceite. Coloca los ramitos de coliflor y de brócoli y vierte por encima la mitad de la crema que has triturado. Mézclalo bien con cuidado y espolvorea el queso por encima. Hornea a 180 ºC durante unos 15 minutos, o hasta que esté bien gratinado.

Datos nutricionales por ración: 115 calorías, 10 g de proteínas, 12,7 g de hidratos de carbono, 3,5 g de grasas (1,9 g de grasas saturadas), 11 mg de colesterol, 3,5 g de fibra, 240 mg de sodio. Calorías procedentes de las grasas: 26 %.

Parfait - *postre helado de frutos del bosque rico en fibra*

- 125 g yogur de fresas o de cualquier otro fruto del bosque (semi o desnatado, al gusto)
- 75 g de fresas cortadas en láminas
- 50 g de granola baja en grasa o cualquier otro cereal que toleres bien

Decora el parfait con una cucharada de nata líquida o de chantilly y una fresa entera, o bien con un abanico de unas cuantas láminas de fresas por encima.

1. En un vaso medidor, mezcla el yogur con las fresas troceadas. Vierte la mitad de esta preparación en una copa de postre (o semejante).
2. Esparce la mitad de la granola o de los cereales sobre la crema con yogur.
3. Añade la mitad de la mezcla restante y esparce el resto de cereales, una cucharada de crema batida y una fresa, si lo deseas. Degústalo de inmediato.

Datos nutricionales por ración: 230 calorías, 9 g de proteínas, 50 g de hidratos de carbono, 2 g de grasas (0,9 g de grasas saturadas), 5 mg de colesterol, 5,5 g de fibra, 255 mg de sodio. Calorías procedentes de las grasas: 8 %.

Guía alimentaria para la diarrea del SCI con recetas

Cada persona con diarrea producida por el SCI tiene su propia lista de alimentos que le pueden afectar en cierta manera y dependiendo de la cantidad. Algunos de esos alimentos que suelen causar problemas son las comidas grasas, ricas en grasas y los tentempiés.

Se sabe que las grasas en las comidas acentúan la respuesta gastrointestinal, por no mencionar el hecho de que son más difíciles de digerir. Seguro que ya has comprobado que cuando tomas gran cantidad de grasa de una vez, tus intestinos se «irritan». Para muchas personas que sufren diarrea a causa del SCI la clave reside en tomar un poco de grasa en pequeñas cantidades repartida a lo largo del día, en vez de consumirla de una vez. La otra cuestión está en tomar alimentos que no sean grasos o ricos en grasa, platos que aporten fibra soluble.

La fibra soluble es el tipo de fibra más suave para estabilizar los intestinos. Aunque la fibra soluble esté en los intestinos, retiene el agua y forma un gel, con lo que ralentiza el paso de los alimentos, algo que suele ser beneficioso para la diarrea del SCI. Los alimentos que contienen este tipo de grasa (soluble) son:

- Semillas de plántago *Psyllium* o productos que lo contengan.
- Legumbres (las legumbres contienen fibra soluble e insoluble y pueden producir distensión abdominal).
- Avena y salvado de avena.
- Cebada.
- Manzanas sin piel y compota de manzana.

- Plátanos.
- Cítricos.
- Zanahorias.
- Judías verdes.

Algunas personas con diarrea debida al SCI tienen problemas con la ingesta de ciertas frutas y verduras. A continuación, una lista de las frutas y las verduras que pueden ser bien toleradas por los intestinos, y su contenido en fibra. Al final de la lista encontrarás unas cuantas recetas para que empieces a sacar el máximo partido a algunos de estos alimentos ricos en fibra soluble y a los tesoros mejor tolerados.

VERDURAS (cocidas)	Cantidad	Fibra (gramos)
Espárragos	130 g	3,7
Remolacha, en conserva en dados	150 g	3,7
Zanahorias	130 g	4
Judías verdes o amarillas	150 g	4
Guisantes	150 g	8,8
Champiñones	40 g	2
Patatas al horno	1 mediana	5
Boniatos al horno	1 mediano	3,6
Espinacas cocidas	90 g	2,2
Calabaza de invierno horneada	200 g	5,7
Calabaza en conserva	120 g	3,5
Calabacín en rodajas al vapor	250 g	2,2
Calabaza bellota horneada	200 g	9
Calabaza moscada horneada	200 g	6

FRUTA (fresca o en conserva)	Cantidad	Fibra (gramos)
Espárragos	130 g	3,7
Melocotón en conserva	225 g	3,6
Peras en conserva	225 g	3,6
Albaricoques en conserva	250 g	3
Manzanas (peladas si la piel te molesta)	1 grande	4,2
Compota sin endulzar	113 g	3
Plátanos	1 mediano	2,3
Uva	250 g	3
Nectarina en gajos	225 g	2,2
Kiwi	2 piezas	3
Naranja en gajos	180 g	3,4
Melocotón troceado	225 g	3,1
Peras troceadas	225g	4

Los alimentos cocidos siempre se digieren mejor, de modo que si quieres tomar mucha verdura, lo mejor es la sopa casera; mastica los alimentos todo lo que puedas. Si no tienes una olla de cocción lenta, consigue una, ya que las verduras y las carnes guisadas se digieren mejor que cuando se toman a la barbacoa, a la parrilla o fritas. En este libro, en la sección dedicada a las recetas, encontrarás una cantidad generosa de saludables sugerencias culinarias elaboradas con ese tipo de ollas.

Crêpes de avena

Ingredientes para 12 *crêpes*
- 135 g de copos de avena rápidos
- 450 ml de crema de leche
- 125 g de harina blanca sin refinar
- 1 cucharadita de bicarbonato
- ¼ de cucharadita de sal
- 1 huevo grande
- 55 g de sustitutivo de huevo

1. Vierte en un vaso mezclador grande la crema de leche y los copos de avena.
2. Mezcla la harina, el bicarbonato y la sal en un cuenco y remueve todo bien. Añádelo a la crema de leche y la avena y bate todo bien a velocidad lenta.
3. Agrega el huevo y el sustitutivo de huevo y bate de nuevo.
4. Calienta a fuego medio una plancha o sartén antiadherente. Cuando la plancha esté bien caliente, vierte un poco de masa (si la plancha o sartén no es antiadherente, añade un poco de aceite de canola o de girasol).
5. Da la vuelta a las *crêpes* cuando la parte de arriba esté llena de burbujas. Deja que se cuezan bien, hasta que estén doradas. Repite la operación hasta que acabar con el resto de la masa.

Datos nutricionales por ración (3 *crêpes*): 249 calorías, 14 g de proteínas, 38,5 g de hidratos de carbono, 4,5 g de grasas (1,4 g de grasas saturadas), 57 mg de colesterol, 4 g de fibra, 619 mg de sodio (485 mg de sodio si no hay sal añadida). Calorías procedentes de las grasas: 16%.

Batido de melocotón y plátano

Ingredientes para 2 batidos
- 175 ml de zumo de naranja
- 300 g de melocotón troceado (congelado y sin azúcar, maduro y fresco o envasado sin jugo)
- 1 plátano de tamaño mediano troceado
- 185 ml de yogur de plátano desnatado o semidesnatado (también puede ser de vainilla)
- 120 g de helado de yogur desnatado (con o sin azúcar, como desees)

1. Pon todos los ingredientes en una batidora de vaso o en un robot de cocina.
2. Bate a velocidad alta unos 10 segundos, hasta que obtengas una textura homogénea.
   Limpia las paredes de la batidora y vuelve a batir 5 segundos más.
3. Vierte la mezcla en tres copas y ¡a disfrutar!

Datos nutricionales de cada batido: 250 calorías, 8 g de proteínas, 47 g de hidratos de carbono, 3,5 g de grasas (1,8 g de grasas saturadas), 2 mg de colesterol, 4 g de fibra, 80 mg de sodio. Calorías procedentes de las grasas: 13 %.

Calabaza bellota a la italiana

Ingredientes para 4 raciones
- 1 calabaza bellota mediana (o cualquier otro tipo de calabaza de invierno)

- 1 cucharada de margarina sin grasas trans, con 8 g de grasa por cada cucharada
- 2 cucharadas de queso parmesano rallado
- ½ cucharadita de hierbas italianas
- ¼ de cucharadita de ajo en polvo

1. Corta la calabaza por la mitad a lo largo. Ponla en un recipiente apto para el microondas con 125 ml de agua. Cubre el recipiente y cuece la calabaza a alta temperatura durante 15 o 20 minutos.
2. Corta a lo largo cada mitad de la calabaza, a 1,5 cm de profundidad y extiende margarina por encima de manera uniforme.
3. En un plato pequeño, mezcla el queso parmesano, las hierbas italianas y el ajo en polvo. Espolvorea con ello la preparación.
4. Vuelve a colocarlo en el microondas, ahora destapado, y a alta temperatura, hasta que el queso empiece a fundirse (unos 2 minutos). Corta cada mitad en dos mitades para obtener las cuatro raciones.

Datos nutricionales por ración: 132 calorías, 3 g de proteínas, 30 g de hidratos de carbono, 2 g de grasa (0,5 g de grasas saturadas), 1 mg de colesterol, 9 g de fibra, 64 mg de sodio. Calorías procedentes de las grasas: 14 %.

Capítulo 1

Todo lo que siempre quisiste preguntarle a un gastroenterólogo

¿Crees que puedes tener el colon irritable? Según el lugar donde vivas, es posible que tengas que esperar unos cuantos meses hasta que un especialista, un gastroenterólogo, te lo confirme. Y cuando consigas ver a uno, es posible que olvides preguntarle unas cuantas cosas. Además, a medida que trascurra el tiempo, es posible que tengas más preguntas que hacer. Sobre ello trata este capítulo.

¿Qué es el síndrome de colon irritable (SCI) y cuáles son sus síntomas?

Un colon «irritable» es más delicado y más reactivo que un colon «normal». Sufre espasmos después de una estimulación poco agresiva o frente a situaciones en las que un colon normal no reaccionaría, como, por ejemplo, éstas:

- Las comidas (consulta los consejos del capítulo 4 relacionados con cambiar la manera de comer). El simple hecho de comer causa contracciones en el colon, y, por lo general, produce movimientos intestinales al cabo de 30 o 60 minutos de haber comido. Con el SCI esa urgencia puede aparecer más pronto, y unida a espasmos y diarreas.

- La distensión intestinal a causa de gases o cualquier otra cosa que suceda en el colon (en los capítulo 3 y 4 encontrarás consejos para evitar los alimentos que producen gases).
- Ciertos fármacos.
- El estrés, causante de espasmos en personas con SCI.

Algunos individuos tienen diarrea (o diversos movimientos intestinales más suaves) nada más levantarse por la mañana o bien al acabar de comer. Los síntomas pueden empeorar frente a situaciones estresantes como un viaje, un acontecimiento social de importancia, o cambios en la vida cotidiana. En algunas personas, los síntomas empeoran cuando no come bien o come demasiado.

¿Puede el SCI desaparecer para siempre?

Una de las características del SCI es que sus síntomas varían en cada persona, y su duración fluctúa. Según un estudio realizado, más de la mitad de los pacientes diagnosticados con SCI siguen teniendo síntomas cinco años después de haber sido diagnosticados.

Algunos investigadores informaron de que al menos un tercio de los pacientes habían desarrollado un SCI después de haber sufrido una fiebre estomacal o una intoxicación alimentaria. En esos casos, los síntomas son, por

lo general, menores y pueden disminuir en un período de
3 a 5 años.

¿Qué causa el SCI?

El SCI sigue desconcertando a los especialistas. Cuando se
examina el colon de los pacientes de SCI no se ven síntomas de la enfermedad. Aun así el SCI puede causar mucho
dolor y malestar a quienes lo sufren. Pero los investigadores
están más cerca de la verdad, ya que han descubierto que
los músculos intestinales de las personas con SCI empiezan
a sufrir espasmos tan sólo después de pequeñas estimula-
ciones. Sus intestinos parece que son más sensibles y que
reaccionan con más fuerza en situaciones que no molesta-
rían a la mayoría de las personas, como tomar una comida
copiosa o tener distensión abdominal.

¿Eres una de esas mujeres que parecen sufrir los síntomas
del SCI sólo durante la menstruación? Una tercera parte
de las mujeres que no tienen síntomas gastrointestinales
el resto del tiempo, sí los tienen con la menstruación. Los
investigadores sospechan que las hormonas reproductoras
desencadenan síntomas del SCI, pues alrededor de la mitad
de las mujeres con SCI informan de un empeoramiento de
los síntomas, con diarreas más frecuentes, durante la menstruación (*American Journal of Gastroenterology* 93[10];
1867, 1998, y *British Journal of Obstetrics an Gynaecology*
105 [12] 1322-25, 1998).

Es posible, asimismo, que una falta de hormonas pueda estimular en algunas mujeres los síntomas del SCI. Un
reciente estudio indicaba que durante la pre y la posmeno-

pausia, las mujeres tenían una mayor prevalencia de síntomas de esta enfermedad, como, por ejemplo, problemas gastrointestinales (*Women's Health* 27[4]:55-56, 1998).

Los expertos también sospechan que hay muchas personas que tienen una predisposición genética al SCI. Yo sólo sé que existe una variante más suave del SCI: mi madre la tiene y su padre la tuvo. Parece que yo estuviera dentro de ese posible vínculo genético. Las nuevas investigaciones indican también que un tercio de los pacientes con SCI tienen una mutación genética que está vinculada al trastorno de la ansiedad.

Si bien los científicos no saben a ciencia cierta por qué, el estreñimiento y los cólicos infantiles (así como el maltrato físico y los abusos sexuales) aumentan la posibilidad de desarrollar el SCI en la edad adulta.

¿Podría resultar de ayuda una intervención quirúrgica?
(Respuesta de la doctora Christine Frissora)

En ocasiones, existen en los intestinos problemas estructurales que pueden alterar sus funciones. Si eres un hombre o una mujer con un cargo de mucha responsabilidad, es muy probable que los médicos te digan que sólo se debe al estrés. Es cierto que el estrés puede incrementar cualquier problema, incluido el SCI, pero no es la causa principal del mismo. Entonces, ¿cómo saber si hay que hacer algo?

Está claro que si existe un cáncer de colon en el historial familiar, si hay hemorragia o un cáncer intestinal, es el momento de realizarse una colonoscopia. Cuando una mujer necesita utilizar el dedo, la «manipulación digital» para defecar, puede deberse a un problema estructural y requerir una intervención quirúrgica. Por el contrario, si una mujer ha dado a luz o le han practicado una episiotomía (incisión quirúrgica en la zona del perineo para permitir que el bebé nazca sin producir desgarros), no puede contener las deposiciones y sufre de incontinencia fecal (pérdida de heces o deposiciones líquidas que llegan a manchar la ropa interior), es más que probable que el músculo rectal haya sufrido desgarros, esté dañado o atrofiado y necesite una intervención. En este caso es necesario un cirujano especializado en el recto.

Aquí deseo hacer una advertencia: no hay problema que la cirugía no pueda empeorar. Si sigues bien la medicación y la dieta, sigue adelante con los análisis y las pruebas pertinentes, pero no recurras a una intervención quirúrgica. No intentes arreglar algo que puedes afrontar con un cambio de alimentación, o tomando algunos medicamentos. Si realmente requieres pasar por el quirófano debido a una estenosis o a un desgarro rectal, entonces necesitarás a un cirujano serio y meticuloso.

En Estados Unidos, por ejemplo, tenemos muchos, igual que en otros lugares. En mi consulta de Nueva York suelo enviar pacientes al doctor Toyoki Sonoda. Este médico trata una gran variedad de dolencias rectales y de colon, entre ellas cáncer de colon, enfermedades inflamatorias del intestino, divertículos, dolencias benignas del ano y problemas funcionales como el prolapso rectal y la incontinencia. El doctor Sonoda está especializado en laparoscopia colónica e intervenciones rectales, y utiliza la laparoscopia para muchas de esas enfermedades.

A mujeres con problemas de vejiga, de prolapso y ginecológicos, les recomiendo a la doctora Lauri Romanzi, contact@urogynics.org. La doctora Romanzi fundó Urogynics en 1998, y desde entonces ella y su equipo ofrecen innovación y conocimiento en el campo de la salud femenina. Romanzi es profesora clínica del departamento de obstetricia y ginecología del Hospital Presbiteriano de Nueva York, ginecóloga colegiada y especialista en urinoginecología y en reconstrucción quirúrgica de la pelvis.

¿Es posible que los fármacos que tomo para otras dolencias empeoren el SCI que sufro?
(Respuesta de la doctora Christine Frissora)

En ocasiones, el sucralfato, los bloqueadores de los canales de calcio, el subsalicilato de bismuto y los antiácidos que contienen aluminio pueden empeorar el estreñimiento. Otros fármacos pueden tener el efecto contrario e inducir la diarrea. Los antiácidos que contienen magnesio, lactulosa, plántago y otros tipos de fibra fermentables utilizadas como sustancias aglutinantes (lo cual puede también empeorar la hinchazón) pueden, asimismo, causar diarrea.

¿Cómo afecta el estrés y la ansiedad al SCI?

El estrés puede, sencilla y llanamente, empeorar los síntomas del SCI. Este problema estimula los espasmos intestinales en personas con SCI. No sabemos a ciencia cierta por qué sucede, pero sí que los intestinos están en parte controlados por el sistema nervioso y que éste reacciona ante el estrés.

La relajación como medio para reducir el estrés, o bien el apoyo o el tratamiento psicológico alivia a muchas personas los síntomas del SCI. Pero esto no quiere decir que sufras SCI debido a un problema psicológico. Recuerda que esta dolencia es en gran parte resultado de una hipermotilidad e hipersensibilidad del colon.

Uno de los estudios realizados mostró que las personas con SCI tienen más problemas de ansiedad y manías que fobias, depresiones, ansiedad somática e histeria. La ansiedad y las manías se deben a las consecuencias y no a las causas de los síntomas del SCI (*Lancet* 340 [8833]:1444-48, 1992).

¿Qué tipo de psicoterapia puede resultar de ayuda?

Existen tres tipos de tratamiento que han demostrado buenos resultados en pacientes con SCI:

1. **Terapia psicodinámica breve,** dirigida por un psiquiatra o psicólogo, bis a bis, durante un breve período de tiempo (por ejemplo, una vez a la semana durante unos dos meses). El objetivo de esta terapia es buscar e identificar los posibles factores inconscientes que puedan estar vinculados a los síntomas del SCI y ayudar al paciente a que sea consciente de esos factores para comprenderlos y mejorarlos.

2. **Terapia cognitivo conductual,** dirigida, asimismo, por un psiquiatra o un psicólogo, bien en atención individual o en grupo. El objetivo de esta terapia es enseñar a las personar a enfrentarse de manera menos negativa a los fac-

tores estresantes de la vida. Se guía a los pacientes de SCI para que puedan identificar el modo en que ellos mismos se envían mensajes negativos conscientes. Es posible que se culpabilicen más de lo que deberían, o que vean las cosas peores de lo que realmente son. Se les invita a que descubran qué aspectos de sus vidas son estresantes y de qué modo ellos mismos contribuyen a ese estrés desde su propia percepción. Las repetidas sesiones terapéuticas permiten a los pacientes ir reaccionando al estrés de sus vidas, gradualmente, de manera más positiva, lo cual se traduce en una reducción de los síntomas del SCI.

3. **Hipnosis,** terapia que enseña a las personas a utilizar la imaginación para ejercer un mayor control de los músculos del tracto intestinal. Puede realizarse en sesiones individuales o de grupo dirigidas por un psiquiatra o un psicólogo con experiencia en la hipnosis. Muchos de los pacientes que utilizan este tratamiento manifiestan que sufren menos dolores, distensión abdominal, espasmos, diarrea y estreñimiento.

Si deseas encontrar a un psicólogo un psiquiatra con experiencia en el tratamiento del SCI, dirígete a las asociaciones de estos profesionales de tu zona más próxima.

¿Es posible que los síntomas indiquen algo más?

Si las deposiciones contienen sangre, o si tienes o has tenido escalofríos o fiebre, es posible que tengas otra dolencia.

Hay algunas personas que creen que padecen SCI, pero en vez de ello sufren otras dolencias causadas por ciertos cambios en los tejidos intestinales difíciles de detectar. Con ese tipo de trastornos (colitis microscópica, colitis colagenosa y eosinofílica) el colon se muestra normal, pero si se examina una muestra de tejido intestinal se puede comprobar que existe inflamación o desgarros.

La diarrea líquida e intensa puede deberse a algo diferente al SCI. Con frecuencia, y más comúnmente en las mujeres, se debe al abuso de los laxantes. Quizás esto sea más común de lo que se sabe, pues las personas que abusan de los laxantes suelen llevarlo en secreto; no lo cuentan ni a su familia ni a su médico.

La diarrea puede estar también causada por tumores secretores de hormonas en el páncreas.

¿Puedo tener una alergia alimentaria?

Muchos de los síntomas clínicos típicos que se dan en las alergias e intolerancias alimentarias también aparecen en el síndrome del colon irritable. Por tanto, es una buena idea descartar la posibilidad de que se pueda padecer una intolerancia o alergia alimentaria. En un estudio realizado en 1999 por el *American Journal of Gastroenterology*, se descubrió que más del 50 % de los pacientes estudiados eran sensibles a algunos alimentos sin que hubieran mostrado ningún síntoma clínico. En general, los pacientes no pudieron identificar los alimentos supuestamente perjudiciales para ellos.

¿Cuánto tardan los alimentos en recorrer el tracto digestivo?

La comida pasa a través del esófago y llega al estómago casi de inmediato; sin embargo, se necesitan tres o cuatro horas hasta que el estómago vacíe los alimentos en el intestino delgado; es posible que sea más tiempo, todo depende de la cantidad de comida que se haya ingerido y de su contenido en grasa (cuanto más grasa contengan los alimentos, más tiempo permanecen en el estómago). El intestino delgado tarda de cuatro a seis horas en acabar la digestión de los alimentos y en absorber su contenido. Hasta que los desechos de los alimentos formen las heces y se vacíen a través del recto pueden pasar de dos a tres días.

¿Por qué a primera hora de la mañana ya experimento varios movimientos intestinales?

Cuando te despiertas por la mañana, los intestinos también se despiertan contigo. Las conexiones nerviosas desencadenan un incremento de actividad en el intestino grueso (también después de las comidas), y especialmente por la mañana.

¿Puede la falta de sueño desencadenar en algunas personas los síntomas de SCI?

La falta de sueño puede producir estrés físico o mental, lo cual puede desencadenar síntomas del SCI. Si lo piensas, los intestinos descansan por la noche, pero parece lógico que si sigues despierto o activo, las actividades intestinales de día continúan a esas horas.

¿Viajar puede desencadenar esos síntomas?

Viajar puede desencadenar de varias maneras síntomas del SCI, concretamente la falta de actividad física cuando se trata de viajes de larga distancia, la interrupción de la rutina diaria debido a los cambios horarios y el cambiar la manera habitual de comer y beber.

El estreñimiento que suele aparecer puede combatirse siguiendo las pautas de tomar fibra y hacer ejercicio físico.

¿Hay pacientes con SCI que sufren problemas de estómago cuando tienen alguno de sus «ataques» intestinales?

El dolor que produce el SCI puede darse en cualquier zona de la región abdominal. Hay pacientes que experimentan hinchazón y otros síntomas intestinales. Si aparecen otros síntomas, como vómitos, pérdida de peso, anorexia, fiebre, sangrado gastrointestinal, incontinencia fecal, dolor agudo persistente o síntomas nocturnos, pueden indicar que hay algo más que el SCI.

Las diez cosas que con mayor frecuencia se confunden con el SCI

Existen muchas enfermedades que tienen los mismos síntomas que el SCI: distensión abdominal, hinchazón, indigestiones, flatulencias, malestar, diarrea y estreñimiento. A continuación, según la doctora Christine Frissora, se muestran dolencias y enfermedades que no son SCI, pero que se pueden confundir con él.

1. *Celiaquía.* Una condición genética y multifactorial que produce una alergia de por vida al gluten, la cebada, el trigo, el centeno y posiblemente la avena. El tratamiento consiste en evitar de manera estricta el gluten a lo largo de toda la vida. El Centro Celíaco del doctor Peter Green, en Nueva York, es uno de los mejores del mundo.
2. *Inflamación intestinal leve.* La colitis ulcerosa moderada o la enfermedad de Crohn pueden excluirse, ya que pueden aparecer sólo de vez en cuando. Si en tu familia hay un historial médico de inflamaciones intestinales, pérdida de peso, diarrea hematúrica o fiebre, debes comentárselo a tu médico.
3. *Colitis microscópica o colitis linfocítica.* Se caracterizan por diarreas y a veces por pérdida de peso. Si tienes diarrea crónica, tu médico debe recomendarte una biopsia duodenal para excluir una celiaquía o una mala absorción de los alimentos; y una biopsia de colon para descartar la colitis microscópica o la linfocítica.
4. *Blastocystis.* Se trata de un parásito común que puede aparecer en cualquier sitio, bien en un plato de comida para llevar, bien en el aseo sucio de un aeropuerto. Esta

56

infección tiene diversos tratamientos, pero una dosis de metronidazol de 375 mg, dos veces al día durante 7 días suele ser suficiente.

5. *Giardia.* Éste es un parásito que se encuentra en las aguas estancadas o contaminadas que puede subsistir durante años en el organismo y que causa distensión abdominal y diarrea.

6. *Colecistitis crónica (enfermedad de la vesícula).* Es posible que no haya cálculos biliares, pero si se han sufrido dolores abdominales vagos y persistentes que empeoran comiendo y con los alimentos grasos, es posible que se trate de la vesícula. Debes asegurarte por medio de un escáner que no se trate de cálculos biliares.

7. *Diverticulitis crónica.* Hay pacientes que han sufrido diverticulitis recurrente, con zonas del colon inflamadas e infectadas. Si has sufrido esta dolencia, dolores agudos, diarrea sin causa conocida, escalofríos, sudores nocturnos o fiebre, consulta con tu médico de inmediato.

8. *Todos los edulcorantes artificiales* pueden producir náuseas, problemas estomacales y molestias.

9. *Hay suplementos que pueden hacer que enfermes.* Se sabe que hay remedios «naturales» que causan problemas renales y hepáticos y pancreatitis. No tomes ningún suplemento sin consultar antes con tu médico; esto es algo que se tiene que hacer, pero si se tienen problemas digestivos, mucho más.

10. *Embarazo ectópico.* Ya estés tomando anticonceptivos o no, si tienes inflamación, náuseas y dolores abdominales, es posible que estés embarazada. Incluso tras haber tenido la menstruación, es posible que tengas un embarazo ectópico (el feto se desarrolla fuera del útero).

A medida que vayas avanzando en la lectura del libro, irás encontrando consejos y aportaciones de la doctora Frissora acerca de cómo controlar el SCI y mejorar sus síntomas.

Nueve cosas relevantes que debes saber si tu médico no las sabe
(Por la doctora Christine Frissora)

1. ¿Y si no tengo vesícula biliar?

Si te han extirpado la vesícula biliar y en las semanas o meses sucesivos has tenido diarrea, podría significar que tienes la llamada «diarrea de sales biliares». Significa que la bilis entra en los intestinos y cuando llega al colon causa diarrea. El tratamiento consiste en tomar un medicamento como es el carafato (sufralcato), en una dosis de 1 g al día, que aglutina los ácidos biliares antes de comer.

2. Suplementos de calcio y vitamina C

Los suplementos de calcio que contienen magnesio o zinc pueden producir heces blandas. Esto es algo que puede ser bueno para quien tenga estreñimiento, pero no lo es para quien sufra diarrea.

La vitamina C es un laxante natural y puede ocasionar ardor de estómago, indigestión e incluso esofagitis.

3. ¡Los inhibidores de la bomba de protones pueden afectar a los intestinos!

Según la doctora Frissora, a veces la diarrea (y puede que el dolor abdominal) aparece unos días o semanas después de empezar a tomar fármacos inhibidores de la bomba de protones (IBP), y cuando acudes en busca de ayuda, el médico no los asocia. Entre los medicamentos IBP se encuentran Aciphex, Omeoprazol, Prevacid (lansoprazol), Protonix (pantoprazol) y Prilosec y Nexium (esomeprazol). La doctora Frissora advierte: «Una vez que hayas dejado de tomar IBP, al cabo de entre 7 y 10 días, si no antes, la diarrea cesará».

El medicamento que parece más susceptible de causar diarrea es el Prevacid (el cual puede ser de ayuda para pacientes con estreñimiento y ardor de estómago), mientras que el que parece mostrar menos efectos secundarios es el Protonix. «Así pues –añade la doctora–, si estás estreñido y tienes reflujo gastroesofágico, es posible que el Protonix te resuelva ambos problemas».

En el caso de que sufras reflujo gastroesofágico, la doctora Frissora recomienda perder peso (si eres obeso o tienes sobrepeso, claro está) y que sigas una dieta apropiada para combatir el ardor de estómago (*Dime que comer si tengo reflujo ácido*, de Ediciones Obelisco, es una buena guía para seguir esa dieta y aporta muchos consejos alimentarios).

4. Los antihistamínicos, incluido el Benadryl, producen estreñimiento

Si sufres estreñimiento crónico, considera la posibilidad de que sean los antihistamínicos que tomas los que te producen ese problema.

5. Todos los antibióticos pueden ocasionar Clostridium difficile

Clostridium difficile es la bacteria responsable de una infección del colon que puede proliferar tras la ingesta de antibióticos. Es posible que tras unos cuantos días o semanas de haber tomado un antibiótico aparezcan diarreas y molestias, así como fiebre, dolor y gases muy malolientes. Entre los tratamientos opcionales se encuentran el metronidazol (Flagyl), la vancomicina, Florastol y Questran, y en los casos difíciles se pueden utilizar de manera combinada.

6. El SCI aparece de diversas y diferentes maneras

Es esencial, por medio del historial médico, la dieta, los fármacos (incluidos los anticonceptivos) o incluso las intervenciones quirúrgicas, dar con un diagnóstico correcto y un tratamiento adecuado. A veces, el simple cambio de marca de un anticonceptivo puede ser más que suficiente para desencadenar inflamación intestinal, náuseas o molestias.

7. Debe evitarse todo tipo de edulcorantes artificiales

Los edulcorantes alternativos que se utilizan frecuentemente en los «chocolates sin azúcar», como el sorbitol y el manitol, causan diarreas e inflamaciones. Si tomas fármacos líquidos, es posible que contengan también edulcorantes artificiales. Marcas como NutraSweet, Splenda, Equal y Sweet'N Low pueden todas ocasionar náuseas y dispepsia (molestias abdominales). El sirope de maíz rico en fructosa, un edulcorante que se añade a muchos alimentos y bebidas, puede producir también inflamación y diarrea. Comprueba las etiquetas de los alimentos, en especial las del yogur *light*, pues contienen por lo general edulcorantes artificiales. Los yogures como Activia (que contiene probióticos añadidos) pueden ser muy fuertes para algunos pacientes, y en cambio ayudar a otros con SCI.

8. No se acaba de comprender el uso de los probióticos

Hay probióticos que pueden causar inflamaciones o náuseas. Es posible que si ingieres miles de millones de bacterias experimentes gases y distensión abdominal. Los dos probióticos que según mis comprobaciones son más útiles son:

- *Saccharomyces boulardii* (Florastor). 250 mg 2 veces al día para la diarrea (tomado media hora antes de la comida) o para tratar o prevenir la diarrea causada por *Clostridium difficile.*
- *Align* ayuda a combatir los gases, la inflamación y la diarrea.

Trata de no gastarte una fortuna en remedios «naturales», pues muchos de ellos no son muy seguros ni aportan datos que avalen su eficacia. No se puede suministrar probióticos a personas con inmunodeficiencia, es decir, si tienes cáncer, sida o estás tomando prednisonano.

9. Lo último en antidepresivos

Lamentablemente, la mayoría de los antidepresivos, si bien son buenos para evitar el dolor, pueden producir cansancio, aumento de peso y disfunción sexual. Los antidepresivos tricíclicos (amitriptilina, Elavil, desipramina) producen estreñimiento, y los inhibidores selectivos de la recaptación de serotonina (SSRI, según sus siglas en inglés), como el Zoloft o el Prozac, son más proclives a producir diarrea. Dicho esto, si tengo un paciente que es una persona delgada y con ansiedad, diarrea e insomnio, le recetaré 10 mg de desipramina por la noche. Y si se trata de una persona delgada con problemas de dolor e inflamación, 10 mg de Celexa también por la noche. Si el paciente realiza ejercicio físico y reduce la ingesta de hidratos de carbono no ganará peso de manera significativa. En dosis bajas esos efectos secundarios son infrecuentes.

El bupropion (Wellbutrin) es bueno para dejar de fumar y no produce aumento de peso, pero si se sufre ansiedad, este medicamento «levanta», es decir, que puede aumentar la ansiedad, y puede, además, producir ataques epilépticos. Pero a un fumador un tanto apático puede irle bien un poco de Wellbutrin por la mañana. Este medicamento suele producir un aumento de peso y ayuda a dejar el tabaco, pero su papel frente al SCI no está muy claro. Ninguno de estos antidepresivos está aprobado por la Agencia Norteamericana de Alimentos y Medicamentos para combatir el SCI. Sin embargo, hay estudios y especialistas médicos que los han utilizado durante años para ayudar a esos pacientes. El truco está en encontrar el antidepresivo idóneo para cada paciente teniendo en cuenta su salud gastrointestinal y psicológica.

Capítulo 2

Principales síntomas del síndrome del colon irritable (SCI)

Lo que para mí significa el síndrome del colon irritable puede ser, o probablemente lo sea, muy diferente de lo que significa para ti. Cada uno de nosotros experimenta síntomas diferentes con intensidad distinta. Sin embargo, el SCI cuenta con unos síntomas específicos, y son los que a continuación se exponen y de los que se hablará en este capítulo.

Dolor abdominal

La pauta típica del SCI es el inicio de dolor, seguido enseguida de un movimiento intestinal y alivio (si bien temporal) del dolor. Pero enseguida aparecen los espasmos intestinales (que causan dolor) y que producen más movimientos intestinales líquidos durante varias horas. Muchas personas con el SCI suelen experimentar dolor en la parte inferior del abdomen, por debajo del ombligo, si bien hay quien lo sufre en todo el abdomen. El dolor suele empeorar a los 60 o 90 minutos de haber comido. Las investigaciones realizadas demuestran que las personas con SCI tienen un umbral del dolor más bajo en cuanto a la distensión del tracto intestinal que las personas que no tienen SCI. Sin embargo, su tolerancia frente a otros estímulos dolorosos es la misma que la de los demás. Por consiguiente, eso parece indicar que ese dolor se debe a la mayor sensibilidad intestinal de los pacientes con SCI.

Defecaciones irregulares en un 25 % de las ocasiones

Ésta es una manera elegante de decir que hay una alteración en la frecuencia, en la forma (heces duras o sueltas y líquidas) y en la dificultad (con esfuerzo, con urgencia, sensación de evacuación incompleta) para evacuar. Es más frecuente ver episodios de función irregular de los intestinos, alternados con episodios de normalidad, cuando se tiene un colon «irritable» que cuando se tiene una dolencia de «inflamación» intestinal. Es posible tener movimientos intestinales regulares a diario pero cada cuatro semanas, aproximadamente, estar estreñido o tener diarrea. O puede ser que la problemática intestinal sólo suceda a primera hora de la mañana o a última hora de la noche.

Hay personas que sufren sobre todo estreñimiento, otras, diarreas, y otras, ambos problemas.

SCI con predominio de estreñimiento

El estreñimiento predominante del SCI suele aparecer en la adolescencia y ser el resultado de excesivas contracciones colónicas, lo que lleva a la deshidratación de las heces (heces muy consistentes, duras). Las personas con este tipo de SCI parecen mejorar con una dieta rica en fibra. El objetivo es consumir alrededor de unos 30 g de fibra al día, de modo que muchas personas utilizan suplementos de fibra.

Si aumentas la ingesta de fibra con demasiada rapidez, es posible que sufras inflamaciones y distensión abdominal. A fin de prevenir estos problemas, va bien aplicar enemas de agua caliente, además del suplemento de fibra. Por otra parte, tu médico puede prescribirte laxantes osmóticos (supositorios de glicerina, por ejemplo) o ablandadores de las heces en el caso de que la fibra no funcione por sí sola. Está del todo desaconsejado el uso de laxantes estimulantes.

SCI con predominio de diarrea

Es posible que no describas como diarrea tu trastorno intestinal; puede que el término «heces sueltas» sea más apropiado. O puede ser que experimentes diarrea a veces, mientras que en la mayoría de las ocasiones se trata de heces sueltas. En el SCI, este tipo de evacuaciones suelen ser de poco volumen pero frecuentes. Las personas que experimentan estos síntomas acostumbran a tenerlos a primera hora de la mañana o después de las comidas, así como episodios de urgencia relacionados con el estrés.

Sé que, en lo que a mí concierne, la primera hora de la mañana es a veces un tanto complicada. Por lo general, tengo que ir al baño de dos a tres veces durante la primera hora después de levantarme. Esto no sería tan incómodo si no tuviera que hacer el desayuno, preparar dos fiambreras con la comida, llevar a las dos niñas al colegio, dar de comer al perro y sacarlo a pasear. Con frecuencia estoy en medio de toda esta actividad cuando de repente tengo que salir disparada al baño más cercano. Y no es porque tenga diarrea, tan sólo es que siento la urgencia de evacuar.

Este tipo de SCI tiene algo que ver con lo que está sucediendo en el espacio intestinal (no en las paredes o en los músculos intestinales). Los hidratos de carbono, los ácidos biliares, los ácidos grasos de cadena corta o los alérgenos alimentarios pueden ser los causantes de esos problemas en su tránsito a través de los intestinos. Puede que no se digieran adecuadamente. Puede que las bacterias intestinales los estén descomponiendo o que produzcan agua en el espacio intestinal. La fibra soluble puede causar, asimismo, diarrea al retenerla con agua cuando está en los intestinos (más información sobre la fibra soluble en el capítulo 3).

Mucosidad en las heces

La inflamación o hinchazón intestinal es un síntoma común del SCI, sobre todo si estás estreñido. La inflamación suele empeorar a medida que va trascurriendo el día y mejora después de dormir. Si puedes controlar mejor la diarrea o el estreñimiento, la distensión abdominal y la inflamación, puede disminuir.

Sensación de no haber vaciado el recto del todo

La mayoría de las personas que sufren este síntoma suelen vaciar de todo el recto cuando van al baño. Este síntoma es resultado de un recto más sensible de lo común, lo cual crea una sensación de «falsa alarma».

Ataques de gases

A muchas personas con SCI no son los gases lo que les preocupa demasiado, sino el dolor abdominal y la inflamación que suele acompañarles. Reducir en la dieta los alimentos que producen gases contribuirá a aliviar los dolores abdominales, los gases y la hinchazón.

Gran parte de los alimentos que producen gases contienen hidratos de carbono que no han sido digeridos por completo por el intestino delgado. Cuando llegan al final del intestino grueso, las bacterias (por lo general presentes en los intestinos) han digerido esos hidratos de carbono y han producido gas para descomponer los alimentos.

Sin embargo, hay personas con SCI que pueden tener un problema específico en la fermentación de las bacterias y en la producción de gases en el colon. Los estudios realizados han determinado que la producción de gases en el colon (el gas hidrógeno en particular) es mayor en las personas con SCI que en el resto de la población.

Síntomas que aparecen o se acentúan durante la menstruación

En muchas mujeres, los síntomas del SCI parecen empeorar durante la menstruación. Es importante que justo antes de ésta (si puedes planearlo) y durante la misma evites tomar los alimentos desencadenantes o estresores que parecen agravar los síntomas intestinales.

Más allá de los intestinos: síntomas del SCI en otras partes del cuerpo

- Hay estudios que demuestran que algunas personas con SCI también sufren de ardor de estómago.
- Otro síntoma es la alteración del sueño, lo cual a veces agrava los síntomas del SCI.
- El cansancio es otro de los síntomas de los que se quejan las personas con SCI. Puede deberse a no dormir bien o a los extenuantes períodos de diarrea, o puede ser indicativo de una depresión clínica u otros problemas psicológicos graves.
- Los problemas urinarios o de la vejiga se asocian también al SCI. Puede ocurrir que la irritación intestinal produzca una sensibilidad generalizada en los tejidos blandos que recubren los intestinos y la vejiga.
- El dolor de pecho no atribuido al corazón (un dolor agudo o sordo en la parte central del pecho no es atribuible a un infarto) suele aparecer también en los pacientes con SCI.
- Las náuseas, la inflamación o el dolor en la parte superior del estómago pueden también aparecer.
- Las migrañas están vinculadas al SCI. Los tejidos blandos que recubren los intestinos recubren, asimismo, los vasos sanguíneos que ocasionan el efecto punzante de las migrañas. Pero, aparte de eso, el mis-

terio de por qué las migrañas están asociadas al SCI sigue sin estar resuelto.

- Algunas mujeres se quejan de dolores durante el coito, quizás debido a una mayor sensibilidad de otros órganos de la pelvis.

- Hay personas con SCI que sufren también fibromialgia, una enfermedad en la que los músculos y los tendones tienen una mayor sensibilidad y zonas con molestias y dolores. Con la fibromialgia se siente un dolor persistente e intenso en los músculos de las paredes abdominales.

Capítulo 3

Todo lo que siempre quisiste preguntar a tu dietista sobre el SCI

Gran parte del tratamiento y control del SCI está relacionado con lo que comes, la cantidad que ingieres y dónde lo haces. Hay ciertos alimentos y nutrientes que pueden ayudarte, mientras que otros pueden hacer que tus síntomas empeoren.

Este libro está pensado para ayudarte a descubrir qué alimentos te van bien y cuáles debes evitar.

Cuando leas este capítulo, recuerda que el SCI es una dolencia muy individual. Es posible que tengas que probar varios tratamientos hasta hallar el que te vaya bien.

Aunque tu SCI esté especialmente vinculado con el estrés, es importante que sepas la interacción de los fármacos con esta enfermedad, pues en los momentos de estrés es cuando tienes que poner especial atención a la dieta que sigues.

Limitar los alimentos que en ti son desencadenantes te ayudará a minimizar los síntomas en los momentos difíciles.

¿Qué alimentos son aconsejables para combatir la diarrea?

¿Has oído hablar alguna vez de la dieta BRAT? (según las siglas en inglés de los alimentos que contiene: plátanos, arroz, puré de manzana y pan tostado). Yo la llamo ahora la dieta BRATY, ya que le añado yogur probiótico, si se tolera. La doctora Frissora aconseja a sus pacientes lo siguiente:

- Plátanos, arroz hervido, galletas de arroz, leche de arroz y pollo.
- Pedialyte para la rehidratación (no Gatorade, pues es muy rico en fructosa).
- Isomil (leche infantil de fórmula con calorías).
- *Saccharomyces boulardii* (Floratil), el probiótico más eficaz para la diarrea. Uno al día.
- Arroz blanco y golosinas de sirope de maíz.

¿Qué alimentos son aconsejables para combatir el estreñimiento?

Con respecto a este tema, la doctora Frissora recomienda a sus pacientes lo siguiente:

- Cinco raciones diarias de alimentos como avena, frutos del bosque, peras, melocotones, ciruelas, papayas, mangos, kiwis, uvas, zumo de ciruelas, garbanzos, zanahorias, apio, tirabeques, guisantes y judías verdes o amarillas.

- Cinco vasos de agua o de alguna infusión que no contenga cafeína, y más cantidad si así lo deseas.
- Evitar alimentos y suplementos, como, por ejemplo, el arroz blanco.
- Espinacas o judías verdes bien cocidas con un poco de aceite de oliva y vitamina C (no más de 1 g diario con la cena) y laxantes naturales.

¿Cuáles son las comidas y bebidas que pueden producir inflamación o problemas estomacales?

La doctora Frissora ha comprobado que existen unos alimentos específicos que a algunos de sus pacientes les producen inflamación o problemas estomacales.

- La mayoría de los probióticos producen inflamación (*Saccharomyces boulardii*, no).
- El queso (especialmente en gran cantidad) puede ocasionar gases e inflamación.
- El salvado puede producir gases malolientes e hinchazón. Si crees que eso te ocurre a ti, intenta eliminar de tu dieta el salvado o productos que lo contengan y comprueba si eso te ayuda. Entre los alimentos que, de hecho, producen gases se encuentran: Raisin Bran (salvado con pasas), Fiber One y Grape Nuts (cereales de desayuno). Los pacientes de la doctora Frissora comentan: «¡Intentaba comer cosas sanas!». Puede que sea sano, pero también producen gases. En su lugar, la doctora les aconseja que intenten tomar para desayunar claras de huevo o avena con bayas.

- Los frutos secos pueden ser indigestos y causar a algunas personas dolores de estómago. Si no tienes problemas con ellos, elígelos de cultivo biológico o naturales, sin tostar.
- Todas las bebidas carbónicas, como la cerveza, la soda y el agua de Seltz producen gases, y también pueden causar hinchazón, pues algunas de ellas contienen fructosa y otros ingredientes que pueden ser nocivos.
- Todos los edulcorantes artificiales (sorbitol y alcoholes de azúcar, Splenda, Equal, Sweet'N Low, aspartamo, sacarina y NutraSweet).
- El sirope de maíz con fructosa (se utiliza en todo tipo de alimentos y bebidas, consultar las etiquetas).
- Las barritas de cereales pueden ocasionar inflamación.
- El té verde puede producir náuseas. Puedes intentar tomarlo con hielo o más diluido de lo habitual y comprobar si eso te sirve de ayuda.
- Las cebollas y los ajos.
- El glutamato monosódico (GMS), sobre todo para quienes sean especialmente sensibles a este producto.

¿Qué cambios en la dieta pueden ayudarme con los síntomas?

Hay que elegir unos alimentos y descartar otros. Las personas con un estreñimiento moderado vinculado al SCI pueden mejorar si aumentan la fibra soluble y la insoluble. La fibra puede ayudar porque mejora el funcionamiento intestinal y también puede reducir la inflamación, el dolor y otros síntomas. Hay personas que experimentan más mejoría con los alimentos con fibra soluble, y yo soy una de ellas. Creo que este tipo de fibra es más suave, ya que forma un gel con el agua de los intestinos. En el capítulo 4 encontrarás una lista de alimentos y suplementos con fibra soluble.

Para saber qué alimentos descartar, es necesario que sigas durante unas cuantas semanas un diario ASS: alimentos, sensaciones y síntomas (más información en el capítulo 4). Sin embargo, seguro que tienes ya alguna idea de cuáles son los alimentos que empeoran tus síntomas. Es probable que te encuentres peor cuando tomas alimentos ricos en grasa o con cafeína. Los productos que contienen sorbitol (un edulcorante artificial que se usa en los chicles y caramelos sin azúcar) y los antiácidos con magnesio pueden producir diarrea. A algunas personas las alubias, los guisantes, la col y algunas frutas les producen gases. Los lácteos dan problemas a quienes digieren mal la lactosa o tienen una intolerancia a ella. El alcohol y los alimentos ricos en azúcares pueden desencadenar los síntomas.

La doctora Frissora ha comprobado que, por lo general, los alimentos cocinados se digieren mejor. Mastica los alimentos tanto como puedas y quítale el polvo a la olla de cocción lenta, pues se sabe que las verduras y las carnes estofadas o cocidas son más fáciles de digerir que los alimentos fritos, asados o cocinados a la parrilla.

¿Cómo saber qué alimentos son los que me producen los síntomas?

Si no estás seguro de qué alimentos te sientan peor y desencadenan los síntomas del SCI, empieza siguiendo un diario

ASS durante un par de semanas. Juega a los detectives e intenta descubrir la relación que hay entre alimentos, patrones de alimentación y síntomas. Éste es un paso muy importante del que hablaremos más detalladamente en el capítulo 4.

¿Qué debo hacer si sospecho que un alimento en particular me está causando problemas?

Debes eliminar de tu alimentación ese alimento sospechoso durante al menos dos semanas. Después, intenta ir probándolo poco a poco, en pequeñas cantidades, sólo o con otros alimentos que sepas que toleras bien. Si no adviertes ningún síntoma, deja de tomarlos una semana más y vuelve a intentar incorporarlo de nuevo en la dieta (en un momento en que tener los síntomas no te produzca un inconveniente tremendo) para estar del todo seguro.

¿Debo pensar en seguir una dieta sin trigo o sin productos lácteos?

Son muchos los gastroenterólogos que así lo aconsejan a sus pacientes, en especial a aquellos con diarrea dominante en el SCI, a fin de determinar si eso les produce alguna mejoría. Es probable que se produzca un efecto placebo, pero vale la pena intentarlo, sobre todo si esos alimentos aparecen en el diario ASS (encontrarás más información sobre este diario en el capítulo 4) como posibles detonantes de los síntomas.

¿Por qué algunos alimentos parecen provocar el SCI?

Es muy fácil decir «evita estos alimentos» o «estos alimentos son malos para quienes tienen SCI y estos otros son buenos». Pero lo cierto es que no es así de fácil. A veces no es lo que uno come, sino cuánto come, o cuantos alimentos desencadenantes toma en una comida o en un día, o a cuánto estrés está uno sometido (los síntomas del SCI son más pronunciados cuando se está estresado). Hay que ir más allá de los alimentos específicos y ver los patrones de alimentación, teniendo en cuenta que los efectos de los alimentos son a menudo impredecibles. A la hora de buscar patrones, hazte estas preguntas:

- ¿Cuántos alimentos de los que desencadenan los síntomas ingerí en una sola comida?
- ¿Tomé uno o más de esos alimentos a la vez?
- ¿Tomé uno o más de esos alimentos en una sola comida y después uno o más en la siguiente?

¿Qué debo saber acerca de las vitaminas si tengo SCI?

Ahora sabemos que los componentes clave y las vitaminas de los alimentos tienen sinergia con otros componentes de los alimentos, por lo que por lo general es mejor tomar nutrientes por medio de la alimentación. Si deseas saber más sobre la revolucionaria ciencia de la sinergia de los alimentos, lee el libro *Food Synergy* (Sinergía de los alimentos, Rodale, 2008). Pero si tienes SCI y quieres tomar vitaminas, esto es lo que la doctora Frissora aconseja a sus pacientes:

- Si tienes el estómago sensible y necesitas hierro, toma pastillas masticables para niños, como, por ejemplo, las Flintstones con hierro.
- Si no tienes la menstruación (bien por la menopausia o por una histerectomía), no tomes vitaminas con hierro; generalmente con un multivitamínico Silver tendrás suficiente.
- Si tienes estreñimiento y aún menstrúas, toma Citranatal DHA después de comer.
- Si tienes diarrea y aún menstrúas, usa Prenate después de comer.

Si la diarrea es uno de mis síntomas principales, ¿tengo que eliminar algunos alimentos en mi dieta?

Puedes intentar eliminar los productos lácteos ricos en lactosa y los productos *light* que contengan sorbitol (los caramelos y chicles sin azúcar) para comprobar si así mejora la diarrea. Otros alimentos que suelen agravar la diarrea son las ensaladas, el salvado, las legumbres, el brócoli y verduras de esa misma familia, las manzanas, la grasa, el alcohol y la cafeína.

¿Por qué aparecen los síntomas cuando como en un restaurante o hago una comida copiosa?

Hace poco que tengo un cachorro y me he dado cuenta de que los perros necesitan defecar después de comer, como un reloj. El simple acto de comer suele producir la contracción de los músculos del colon. Las personas que no sufren SCI pueden tener ganas de ir al baño a los 30 o 60 minutos después de haber acabado de comer, pero en quienes sufren SCI esas ganas suelen aparecer de manera urgente, con más rapidez y con espasmos y diarrea. ¿Significa eso que debes comer las mínimas veces posible al día? En realidad tienes que hacer justamente lo contrario: comer más veces y en menor cantidad.

Cuanto mayor sea el número de calorías de una comida (especialmente las provenientes de las grasas), más fuerte será la respuesta que seguirá a la ingesta. La grasa de los alimentos, sea cual sea la fuente, animal o vegetal, es un gran estimulante de las contracciones colónicas. Por lo general, cuando tomamos comidas abundantes y de gran contenido calórico, suelen ser también ricas en grasas, lo que supone un doble varapalo para nuestros intestinos.

Comer fuera es en especial complicado para la mayoría de personas con SCI. Las raciones de los restaurantes suelen ser grandes, y la comida, rica en grasas y en calorías. En el capítulo 7 encontrarás consejos prácticos para comer fuera de casa.

¿Qué tipo de alimentos y bebidas, incluso tomados en pequeñas cantidades, producen a algunas personas síntomas del SCI?

Hay ciertos productos alimentarios, como la cafeína, el alcohol, el sorbitol, otros alcoholes de azúcar, la fructosa y las grasas, que afectan a la salud intestinal, incluso a las personas sanas. Sus efectos son mucho mayores en los pacientes con SCI. Si las personas que no tienen esta dolencia sienten molestias tras tomarse un cuenco de alubias cocidas, imagina qué puede causar en alguien con SCI. Actualmente, muchos especialistas dudan a la hora de hacer listas de alimentos desencadenantes de problemas intestinales, ya que no quieren generar miedos a ciertos alimentos; yo tampoco. Pero si hablas con personas que llevan años viviendo con el SCI, te podrán nombrar un número de diversos alimentos o sustancias alimentarias que le ocasionan problemas. Los de la lista que sigue han aparecido en varias investigaciones y fuentes anecdóticas, y se sabe que acarrean problemas a personas que no tienen el SCI, tanto en grandes como en pequeñas cantidades.

La **fructosa** (el azúcar natural que se encuentra en la fruta y en las bayas) ha demostrado que aumenta las molestias abdominales de personas con SCI. Es posible que las bacterias presentes en el intestino delgado descompongan la fructosa que no haya sido completamente absorbida en el intestino, y el resultado suelen ser gases, inflamación y/o diarrea.

Los **refrescos** que contienen grandes cantidades de azúcar (alrededor de 8 cucharaditas por cada lata de 350 ml) pueden crear grandes trastornos intestinales en algunas personas con SCI. La diarrea es uno de los principales trastornos que produce una gran ingesta de azúcar, y quizás también la cafeína. Reducir tan sólo lo equivalente a un vaso de 230 ml puede dar un buen resultado.

Los **alcoholes de azúcar** (sorbitol, manitol, maltitol, xylitol, isomalt, etcétera) se encuentran de manera natural en algunas frutas y verduras y se utilizan como edulcorantes de bajas calorías en diversos productos alimentarios, ya que no se digieren con facilidad. Este grupo de sustitutivos del azúcar es de gran ayuda para los diabéticos, pues sólo una porción de ellos es absorbida y digerida. Y la parte absorbida por medio del tracto intestinal tiene una absorción lenta, de modo que el azúcar en sangre no experimenta demasiada subida y se necesita poca insulina. Dado que estos azúcares no se digieren con facilidad, está demostrado que producen gases, inflamación, espasmos y diarrea. La parte no digerida o absorbida por el tracto intestinal empieza a fermentar y absorbe agua. Esto crea un malestar que puede oscilar de gases a diarrea, dependiendo de la cantidad consumida y de la tolerancia que se tenga a estos alcoholes de azúcar. La Asociación Norteamericana de Dietistas advierte que más de 50 g de sorbitol o 20 g de manitol al día puede causar diarrea. En las etiquetas con la información nutricional podemos ver la cantidad de estos alcoholes de azúcar que hay en cada ración de cada producto sin azúcar.

Olestra (un sustitutivo de grasas no calóricas elaborado a partir de aceite vegetales y azúcar) es un producto comercializado con el nombre de Olean que se utiliza para reducir la grasa de las patatas chips y de las galletas. Olestra no es digerida ni absorbida por los intestinos, y el organismo la expulsa, y ahí aparece el problema. Puede expulsarse con bastante rapidez y generar gases, distensión abdominal, diarrea y dolor de estómago.

La **cafeína** es un estimulante intestinal que puede empeorar los espasmos y la diarrea, de modo que hay gastroenterólogos que aconsejan a sus pacientes que sean conscientes de ello y que reduzcan o eviten el consumo de cafeína.

El **chocolate**, que contiene un poco de cafeína y es rico en grasas, está vinculado a la diarrea y se halla en la lista de alimentos que hay que evitar en pacientes con SCI. Personalmente, tengo que decir que raro es el día en el que no tomo un poco de chocolate; quizás este sea el único alimento por el que siento antojo. Puedo evitar las patatas chips, las patatas fritas, los dulces y los helados, lo único que me pide el cuerpo es un poco de chocolate hacia la mitad del día. De modo que me produce un gran dolor poner el chocolate en la lista de alimentos conflictivos. A mí, personalmente, no es un alimento que me desencadene síntomas intestinales, pero aun así sólo tomo una par de bocaditos al día. Quizás si volviera a tomar toda una tableta experimentaría algún efecto.

Según un especialista, la reacción principal al chocolate es el ardor de estómago, ya que debilita el esfínter esofágico inferior. Es posible que el chocolate dé problemas a algunas personas porque éstas suelen comerlo en exceso. Hablé con una dietista que me confirmó que algunos de sus pacientes son muy sensibles a este alimento. Así que pregunté a dos de los dietistas a los que había entrevistado si la gente suele tolerar el chocolate en porciones pequeñas, en vez de tomar una tableta entera. Uno de ellos me dijo que seguramente sí, y el otro comentó que la mayoría de las veces tomar chocolate en pequeñas dosis suele ir mejor.

¿Qué frutas y verduras suelen ser mejor toleradas por los intestinos?

Existen unas reglas de oro que te ayudarán a digerir mejor las frutas y las verduras: *Verduras que debes tomar cocidas* para reducir la posible aparición de gases; y *Frutas que deben tomarse en conserva (en zumo o en sirope) o crudas y ma-*

duras, siempre que sean blandas. Y como sugerencias más específicas, consulta esta lista:

Verduras a probar (cocidas)
- Espárragos*
- Calabaza*
- Patatas*
- Zanahorias*
- Judías vedes o amarillas
- Guisantes verdes
- Champiñones
- Remolachas
- Calabacines
- Boniatos*
- Espinacas*
- Calabaza de invierno*

Frutas a probar:
- Fruta envasada
- Manzanas peladas
- Compota de manzana
- Plátanos maduros
- Uvas
- Nectarinas
- Kiwis
- Naranjas/zumo de naranja*
- Melocotones
- Peras

---

* Ricas en vitamina A (caroteno), vitamina C y/o ácido fólico.

¿Qué alimentos son los más apropiados cuando se tiene un episodio de SCI?

La dieta BRAT (plátanos, arroz, puré de manzana y pan tostado), que recetan los pediatras a los niños cuando sufren diarrea, suele funcionar. Muchas personas con diarrea mejoran con otros alimentos de la llamada dieta blanda: huevos escalfados o hervidos, gelatina y *crackers* (galletas de cereales).

Es importante beber agua u otros líquidos para evitar la deshidratación a causa de la diarrea. Entre los signos de deshidratación se encuentran una menor necesidad de orinar, una orina oscura o amarronada, ojeras, pulso rápido, vómitos, sed constante, somnolencia e incluso pérdida de conocimiento.

¿Es posible que tolere mejor las comidas que me gustan si reduzco la grasa que contienen?

Muchas de las personas con las que he hablado me han contestado afirmativamente. Se sabe que la grasa en las comidas empeora la respuesta gastrocolónica, de modo que las comidas ricas en grasa pueden ser problemáticas para quienes sufren SCI. Pero eso no quiere decir que tengas que prescindir para siempre de tus platos favoritos. Hay recetas para elaborar pizzas y helados bajos en grasa que además son deliciosas, como la lasaña y el pollo asado, y que pueden encajar muy bien en tu dieta.

¿Es posible que el tipo de comidas que sigo esté empeorando el SCI?

Hay algunos síntomas del SCI que están más vinculados a *cómo* comes que a lo que comes. Ten en cuenta las preguntas siguientes y luego pregúntate si puedes cambiar su patrón de conducta.

- ¿Comes muy deprisa? Si lo haces, es posible que comas mucho de una sola vez, pues es más difícil ser consciente de cuánto comes, qué sientes y cuándo estás satisfecho.
- ¿Sueles ir a las cadenas de comida rápida? Si te gusta ir a los restaurantes de comida rápida, puede que necesites cambiar la comida que pides. Este tipo de comidas suele ser rica en grasas, lo cual produce a algunas personas malas digestiones, dolores de estómago e incluso diarrea. Elegir alimentos menos grasos ayuda a la mayoría de las personas, aunque es posible que haya otras cosas, como, por ejemplo, los conservantes, que agraven los síntomas del SCI.
- ¿Te saltas comidas o comes mucho un día y muy poco al siguiente? Este tipo de cosas puede fomentar los síntomas del colon irritable y los movimientos irregulares de los intestinos. También es muy probable que provoque gases.
- ¿Eres un adicto a la comida basura? La comida basura (las patatas chips, los cheetos de queso y las barritas de caramelo) es muy rica en grasas y en calorías, pero tiene muy poco valor nutritivo. Estos tentempiés tan populares son difíciles de digerir y causan

malas digestiones, gases, diarreas y dolores abdominales.

- ¿Comes en exceso a veces? Las personas con SCI suelen tener unos síntomas más acusados después de ingerir comidas copiosas. Quizás hayas advertido que después de las vacaciones, o durante las mismas, cuando muchos de nosotros comemos más de lo que nuestros estómagos pueden seguramente aceptar, acabas con indigestión, inflamación intestinal, dolores abdominales y/o náuseas. Esto puede muy bien deberse a que las comidas de las vacaciones son más copiosas (y, además, suelen contener más grasas).

¿Puedo añadir a mi dieta algo que me ayude a frenar los síntomas del SCI?

No seguir una dieta con suficiente fibra o suficiente agua puede empeorar los síntomas del SCI. Existen evidencias de que la ingesta de un mínimo de 30 g de fibra al día contribuye a mejorar el estreñimiento y algunos otros síntomas. Las personas con estreñimiento que padecen SCI somos más proclives a conseguir llegar a ese objetivo, pues tenemos una motivación extra. Si tomar una cantidad extra de fibra alivia algunos de los síntomas de esta enfermedad, no hay duda alguna de que vamos a tomar la suficiente fibra. Yo, cuando no la tomo, noto la diferencia.

Las dietas ricas en fibra mantienen el colon ligeramente dilatado, lo cual es bueno, pues se sabe que eso ayuda a evitar los espasmos. La fibra soluble, que se disuelve en agua y mantiene el agua en las heces, contribuye a evitar unas deposiciones duras. Personalmente, considero que la fibra soluble es la más suave. Mientras permanece en los intestinos, conserva el agua y forma un gel (que ralentiza el curso de los alimentos, algo por lo general beneficioso para los pacientes que tienen SCI), y después se desplaza hacia el final del tracto intestinal de manera ordenada y suave.

¿Y qué ocurre con el salvado? El salvado es una fibra insoluble, es decir, que no se disuelve en el agua. Algunos experimentos han determinado una mejoría del estreñimiento con el salvado. En cantidades suficientes, el salvado ablanda las heces y evita el esfuerzo excesivo durante la evacuación. Sin embargo, en un estudio se informó de que el 55 % de los pacientes afirmaron que el salvado empeoraba su SCI (*Lancet* 344 [8914].39, 1994). Además del salvado de trigo, podemos tomar fibra insoluble comiendo fruta con piel, cereales integrales y la mayoría de las verduras.

No hay que olvidar tomar mucha agua y aumentar la fibra poco a poco a fin de evitar los gases y la distensión abdominal que acompaña a un aumento rápido de la fibra en la dieta. (Aunque eso suceda, tras unas cuantas semanas desaparecerán esos efectos, a medida que el organismo se vaya adaptando al cambio).

¿Qué alimentos ricos en una fibra soluble más suave puedo tomar?

Aquí tienes una lista de los alimentos más ricos en fibra soluble. Por suerte, encontrarás muchos alimentos que conoces y que además te encantan.

Alimento	Fibra soluble (g)	Fibra total	Calorías	Proteínas
Los 20 alimentos más ricos en fibra soluble				
Alubias blancas 115 g	2,8	9,5	127	8
Alubias de riñón 90 g	2,7	7	112	8
Alubias fritas 115 g	2,5	6	110	7
Alubias *Mung* 50 g	2	4	179	12
Arvejas 100 g	2,5	8	117	8
Cereales integr. 50 g	2,3	4	239	6
Cheerios (cereales) 225 g	2,9	4,5	165	5
Chirivía (en rodajas) 130 g	2	7	100	2
Col de Saboya 90 g	2	4	35	3
Copos de avena 115 g	2	4	150	5
Crackers de centeno 50 g	2,1	9	207	5
Frijoles 115 g	3,4	9	120	8
Frijoles negros 115g	2,1	8	113	8
Guayaba, 200 g	4,5	9	112	4
Judías pintas 115 g	2,1	6	103	6
Judías verdes 75 g	2,6	8	114	6
Maracuyá, 200 g	12,3	25	229	5
Naranja (1 pieza mediana)	2,1	3	62	1
Peras Nashi (1 pieza)	2,4	4	239	1
Toronja (1 pieza)	2,1	3	91	1
Otras fuentes de fibra soluble				
Ciruelas pasas secas 30 g	1,3	3	104	1
Frijoles blancos 110 g	1,1	6	104	7
Harina de centeno 35 g	1,2	7	104	7
Mango, 100 g (en rodajas)	1,7	3	107	1
Habas 90 g	1,7	8	108	7

Alimento	Fibra soluble (g)	Fibra total	Calorías	Proteínas
Otras fuentes de fibra soluble				
Melocotón (en rodajas)				
220 g	1,1	3	109	2
Harina de maíz 40 g	1,3	2	110	2
Garrofones 90 g	1,9	7	115	7
Lentejas 100 g	1,3	8	115	9
Remolachas cocidas 200 g	1,1	9	115	2
Caquis (1 pieza)	1,7	6	118	1
Alubias blancas 60 g	1,6	9	124	1,6
Pan de centeno integral				
(2 rebanadas)	1,6	5	130	1,6
Bollo de pan (1)	1,3	4	134	6
Garbanzos 80 g	1,3	5	142	6
Triticale (trigo y centeno)				
45 g	1,4	9	161	6
Pera (1 pieza fresca)	1,5	5	165	5
Ñame cocido 136 g	1,3	3	176	3
Cereales trigo/cebada 180 g	1,8	5	212	6
Avellanas 75 g	1,1	3	21	2
Berzas 90 g	1,2	3	25	2
Alubias 75 g	1,1	5	91	7
Guisantes 75 g	1,2	4	67	4
Melocotones secos 45 g	1,3	3	96	3
Albaricoques secos 45 g	1,4	2	78	1
Nabos 150 g	1,4	3	34	1
Salvado de avena 30 g	1,5	5	58	4
Semillas de lino molidas				
(2 cucharadas)	1,5	4	86	3

Alimento	Fibra soluble (g)	Fibra total	Calorías	Proteínas
Otras fuentes de fibra soluble				
Cereales marca Wheaties				
45 g	1,5	4	86	3
Kiwi 2 piezas	1,7	5	93	2
Moras 144 g	1,7	7	90	2
Coles de Bruselas 95 g	1,9	4	56	4
Semillas de girasol 36 g	1	3	186	6
Cebada perlada 90 g	1	3	97	2
Trigo bulgur 115 g	1	4	76	3
Nueces pacanas troceadas				
30 g	1	3	187	3
Miso (2 cucharadas)	1	2	68	4
Pasta cocida de trigo				
integral 140 g	1	4	174	8
Trigo Chex 45 g	1	5	162	5
Corazones de alcachofas				
85 g	1	7	45	2
Zanahorias en rodajas				
125 g	1	3	28	1

¿Son beneficiosos los probióticos?

Los probióticos son algunas de las bacterias «buenas» (sustancias microrgánicas vivas de los alimentos) que pueden contribuir a restaurar el equilibrio de la microflora de nuestras paredes intestinales, lo cual es clave para mantener el funcionamiento normal de los intestinos. Los probióticos por lo general se encuentran en los productos lácteos fermentados y en los suplementos alimentarios. Estos organismos vivos son capaces de sobrevivir a través del estómago y del intestino delgado, y es en el intestino grueso (en el colon) donde realizan la mayor parte de su extraordinaria función. Según recientes estudios, hay dos organismos específicos que muestran resultados positivos, de modo que busca sus nombres en la lista de ingredientes: *Lactobacillus Plantarum y Bififobacterium breve*. La doctora Frissora aconseja el probiótico *Saccharomyces boulardii* (Florastor), para las personas con diarrea.

¿Existen unas determinadas hierbas que puedan aliviar los síntomas?

Sí, existen algunos antiespasmódicos naturales. Las hojas de menta fresca, por ejemplo, en infusión, alivian en algunos casos.

¿Está la lactosa relacionada con el SCI?

Los síntomas más comunes de la intolerancia a la lactosa son las náuseas, la distensión abdominal, los gases y las diarreas, de modo que es fácil confundir la intolerancia a la lactosa con el SCI y viceversa. Los síntomas de la intolerancia a la lactosa surgen entre treinta minutos y dos horas después de haber ingerido algo que contenga lactosa, el azúcar de la leche. La lactosa suele descomponerse en azúcares más pequeños, los cuales son absorbidos en el intestino delgado.

Las personas intolerantes a la lactosa no la digieren bien y no producen la suficiente lactasa, la enzima que descompone la lactosa. Sin la debida cantidad de lactasa, parte de la lactosa no se descompone y no se absorbe. Esa lactosa sobrante acaba en el intestino grueso, donde no puede hacer otra cosa que interactuar con las bacterias y producir ácidos grasos de cadena corta y (cómo no), gases (sobre todo hidrógeno y dióxido de carbono). Por si los gases no fueran poco, las personas con intolerancia a la lactosa padecen también diarreas, ya que ésta, que no debería estar en el intestino grueso, atrae al agua. El agua de más presente en los intestinos produce unas heces líquidas.

La combinación de los gases y las heces líquidas suele describirse como «diarrea explosiva» (una imagen poco grata, ¿verdad?).

En Norteamérica y otras partes del mundo, muchos niños entre 5 y 14 años experimentan una reducción genéticamente programada en la síntesis de la lactasa de un 10 % en comparación con la que tenían en su primera infancia. Entre un 20 y un 30 % de la población adulta estadounidense tiene una baja actividad de producción de lactosa que puede denominarse intolerancia a la lactosa. Existen ciertos grupos étnicos más proclives a desarrollar esta alteración; nada menos que un 75 % de norteamericanos nativos y afroamericanos y un 90 % de asiáticos americanos tienen una deficiencia en la producción de lactosa. Entre los norteeuropeos es menos común.

Del mismo modo que sucede en el SCI, el grado de intolerancia a la lactosa varía de persona a persona. Existen millones de personas con intolerancia a la lactosa que no saben que la sufren, y muchas creen que lo son y no es así. Las personas ligeramente intolerantes, por ejemplo, pueden experimentar tan sólo ciertos gases o una ligera diarrea cuando toman demasiada lactosa. Las personas con esta dolencia deben de tener en cuenta una regla de oro: cuanta más lactosa consuman, más intensos serán los síntomas (dependiendo del grado de intolerancia de cada una). Hay muchos individuos que pueden soportar ingerir una pequeña cantidad de lactosa; así, pueden consumir el equivalente a dos tazas de leche al día, siempre que las tomen espaciadas y las ingieran acompañadas de otros alimentos. Si crees que puedes tener un problema digestivo con la lactosa, asegúrate efectuando una sencilla prueba médica. En la prueba de respirar hidrógeno, los pacientes toman un líquido rico en lactosa y después se analiza su respiración a intervalos regulares. La lactosa no digerida en el colon es fermentada por las bacterias y produce hidrógeno. Éste viaja a través del flujo sanguíneo hasta los pulmones y es exhalado. Otro test consiste en comprobar la acidez de las heces. En él, la lactosa no digerida y fermentada por las bacterias en el colon crea ácido láctico y otros ácidos grasos de cadena corta, medibles en las heces.

Descubre qué cantidad de lactosa puedes consumir sin problemas, cuántos productos lácteos puedes tomar a la vez y cuántas veces al día sin tener síntomas. Lamentablemente, la única respuesta se encuentra en el método de prueba y error. Empieza tomando pequeñas cantidades de lácteos y ve aumentándolas poco a poco. Presta atención a la cantidad de lactosa, más que a la de productos lácteos que tomes o bebas, pues algunos de ellos contienen menos lactosa que otros. No los consumas solos, sino junto a otros alimentos.

Intenta tomar pastillas de lactosa para comprobar si eso te sirve de ayuda. Existen varios productos en el mercado, búscalos en la farmacia de tu localidad. Tan sólo un comprimido de lactosa, tomado junto al primer bocado o trago de cualquier producto lácteo, te ayudará con rapidez a digerir la lactosa con facilidad, y si lo deseas, puedes tomarlo cada día, con cada comida.

¿Por qué antes podía tomar leche?

¿Te preguntas por qué si antes no eras intolerante a la lactosa, lo eres ahora?

Pues porque algunas enfermedades pueden crear a posteriori una deficiencia a la lactosa. Esta repentina deficiencia, unida a un menor nivel de lactasa (debida a la edad) puede producir un tipo de intolerancia a la lactosa. ¿De qué tipo de enfermedad hablamos? Los científicos afirman que ciertas infecciones pueden alterar la ecología del tracto intestinal.

¿De cuánta lactosa hablamos?

Hay muchas personas que pueden tomar productos lácteos bajos en lactosa, como helados o quesos curados, pero no otros. Algunos individuos se sienten bien con una ración de yogur, aunque éste contenga unos 12 g de lactosa, pues las bacterias utilizadas en el yogur producen lactasa. Hay una regla que hará muy felices a algunos: cuanto mayor sea el contenido graso de un producto lácteo, menor será su nivel de lactosa.

Los helados cremosos suelen tolerarse mejor que los *light* o los de leche, y la leche entera se suele digerir mejor que la desnatada o semidesnatada.

Y, por cierto, los pacientes con SCI dicen que toleran mejor la leche con chocolate (el único tipo de leche que tomo) que la leche sola (todavía no se conoce el mecanismo que hace que el chocolate contribuya a la digestión de la lactosa).

Alimento	Ración	Lactosa (g)
Leche (entera)	230 ml	11,4
Leche (1 o 2%)	230 ml	11,7
Leche (desnatada)	230 ml	11,9
Yogur (de leche entera)	230 ml	12
Helado/leche helada	230 ml	5-7
Crema agria	115 ml	4
Queso fundido	30 ml	2
Queso curado	30 g	1
Mantequilla	1 cucharadita	trazas

Lactosa oculta

Las personas con una tolerancia a la lactosa muy baja a veces deben evitar productos alimenticios que contengan pequeñas cantidades de lactosa, como los siguientes:

- Pan y productos derivados.
- Galletas, bizcochos y pasteles.
- Cereales de desayuno industriales.
- Purés de patata instantáneos, sopas y bebidas de desayuno.
- Margarina.
- Carnes (a excepción de las carnes kosher, que nunca contienen leche).
- Aderezos y salsas para ensalada.
- Mezclas preparadas para hacer *crêpes* y galletas.

Deben, asimismo, evitar los productos que contengan suero, las cuajadas, los derivados de la leche, la leche en polvo desgrasada, y, claro está, la leche. Hay que tener en cuenta que el 20 % de los fármacos con receta y un 6 % de los que se venden sin ella contienen lactosa.

¿Podría curarme del SCI eliminando ciertos alimentos de mi dieta?

Si eso sucediera querría decir que tienes una intolerancia alimentaria y no el SCI, pues éste no tiene cura; es una enfermedad que perdura a lo largo de la vida.

¿Es posible que ciertos alimentos empeoren los síntomas del SCI?

Sí, así es. Lo curioso es que los alimentos que comportan problemas suelen hacerlo de manera individualizada. Hay ciertos alimentos que parecen que causan problemas a muchos de los pacientes que padecen SCI (y oirás hablar mucho de ellos). Un consejo importante aplicable a todos los pacientes es evitar las comidas copiosas. Este tipo de comidas sobrecargan el aparato digestivo y el tracto intestinal y causan muchas molestias. Las comidas más reducidas son, por lo general, mucho más digeribles.

Si tengo estreñimiento debido al SCI, ¿qué tipo de fibra es la más aconsejable?

La fibra puede ser muy beneficiosa para las personas con estreñimiento debido al SCI, pero debe tomarse con precaución.

Es importante que estudies con tu médico qué tipo de fibra, productos y suplementos con fibra son más idóneos para ti, pues hay que evitar que la situación empeore. La fibra soluble (*psyllium*) es eficaz, y algunas personas han comprobado que el salvado de trigo (fibra soluble) alivia la distensión abdominal y el estreñimiento, pero en cambio puede perjudicar a otras. Las maneras más seguras de probar una dieta más rica en fibra y/o con suplementos son las siguientes:

- Seguir el consejo del médico.
- Aumentar la ingesta de fibra de manera gradual.
- Beber mucha agua y otros líquidos para ayudar al organismo a asimilar el incremento de fibra.

¿Hay algunos alimentos que aparentemente empeoren el SCI?

Los siguientes alimentos y bebidas pueden ser problemáticos para las personas con el síndrome del colon irritable (SCI), pero además pueden incluso desencadenar problemas intestinales en personas sin esta enfermedad.

- Alimentos grasos.
- Alcoholes de azúcar (como sorbitol, maltitol y otros) que se utilizan como edulcorantes alternativos en alimentos sin azúcar, como chocolates, chicles y caramelos. No se absorben y pueden acarrear grandes problemas.
- Cafeína (el daño que puede ocasionar y a qué hora del día depende de cada persona).
- Alcohol (el daño que puede ocasionar y a qué hora del día depende de cada persona).
- Alimentos con gran cantidad de sirope de maíz rico en fructosa.
- Productos lácteos (si existe una intolerancia a la lactosa) y a veces la grasa si se toman muchos productos lácteos ricos en grasa.
- Gases producidos por verduras y legumbres (alubias, crucíferas). Si ése es tu problema, prueba con raciones más pequeñas y utiliza una olla de cocción lenta.

Si necesito utilizar margarina para tostar u hornear, ¿qué debo comprar?

Aconsejo, por razones de salud, pasarse al aceite de oliva o de girasol a la hora de elaborar recetas y utilizar menos cantidad de lo indicado siempre que sea posible. Estos aceites aportan más ácidos grasos buenos y menos ácidos grasos malos.

Sin embargo, a veces, en ciertas situaciones, en la cocina o en la mesa se precisa un producto como la margarina (para tostadas, masa para galletas, glaseados, etcétera). Si es necesaria su utilización, sugiero que se elija una que tenga menos grasa (8 g de grasa por cucharada es idóneo). La mayoría de estos productos tienen agua como segundo ingrediente y es de esperar que el primero sea aceite de oliva, de canola o de soja. Si utilizas margarina con más agua que la indicada o con menos gramos de grasa por cucharada, es posible que no te funcione bien en la sartén o en tus recetas.

Y aun siguiendo esas directrices, puedes elegir mejor siguiendo estos consejos.

- Intenta encontrar una margarina que tenga la menor cantidad posible de grasas saturadas y cero grasas trans.
- Siempre que puedas, elige una margarina con omega 3.
- También puedes escoger una margarina con esteroles vegetales añadidos, algo especialmente indicado si tú o alguien de tu familia tiene niveles altos de colesterol en sangre.

¿Entonces, qué papel cumple la mantequilla?

Yo utilizo mantequilla batida para las recetas que requieren que la mantequilla se dore (la margarina no lo hace, sólo la mantequilla debido a sus impurezas), y siempre uso menos cantidad que la indicada en la receta. Cuando empleas la mantequilla batida, estás usando menos grasa por cucharada (unos 7 g aproximadamente por cucharada, en vez de los 12 g de grasa por cucharada de la margarina o de la mantequilla).

Capítulo 4

Diez pasos hacia la libertad

Ya sabemos que los síntomas del síndrome de colon irritable oscilan del estreñimiento a la diarrea, y que la gravedad de los mismos varía en cada persona. Asimismo, sabemos que hay diferentes estrategias que ayudan a distintas personas. Y también que son muchos los estudios realizados que no han podido determinar cuáles son los alimentos que causan el SCI. Pero todo ello no significa, ni mucho menos, que no podamos hacer nada por controlar los síntomas.

Hay alimentos que afectan a la actividad intestinal, incluso en personas con unos intestinos sanos y normales. Es comprensible que esos efectos se acentúen en alguien con SCI, cuyos intestinos pueden reaccionar de manera más enérgica frente a los diversos estímulos. La estrategia básica consiste en minimizar los efectos negativos de los alimentos y mantener los intestinos sanos. Podemos ralentizar los intestinos que trabajan con mucha rapidez y acelerar aquellos que funcionan con lentitud. Intenta seguir los pasos siguientes durante un mínimo de seis semanas, el tiempo que puede necesitar tu organismo para adecuarse al cambio y responder a él. Estos pasos alimentarios pueden ayudar a controlar los trastornos no demasiado fuertes, en los que los síntomas son ocasionales, relacionados con el estrés o bien causados por tomar demasiada comida o bebida.

Puesto que el síndrome del colon irritable es diferente para cada persona, para controlar los síntomas hay que tener en cuenta estas tres cosas:

1. Comprender el vínculo entre dieta, estrés y síntomas.
2. Cotejar las diferentes estrategias con los síntomas que uno tiene.
3. Centrar la atención en las estrategias que parecen aliviar los síntomas.

El primer paso hacia la libertad abarca los pasos 1 y 2, mientras que el resto te aportará las estrategias dietéticas que te ayudarán a controlar los síntomas. Algunos pasos te serán más útiles que otros, de modo que debes centrarte en los que funcionen mejor en tu caso en concreto.

Paso 1: sigue un diario ASS (alimentos, sensaciones y síntomas)

Durante un par de semanas, anota en un diario todo lo que comes y bebes, las sensaciones que tienes y los síntomas del SCI. La información que recojas te ayudará (y puede que también a tu equipo médico) no sólo a identificar los alimentos y los patronos alimentarios que desencadenan los síntomas sino también a solucionarlos. Según la doctora Frissora, seguir un diario de los alimentos que se ingieren y del estilo de vida puede servir también para descubrir qué problemas ajenos a la comida pueden desencadenar síntomas del SCI, como patrones de sueño, tabaquismo, consumo de alcohol y ejercicio físico.

Los sentimientos y el estrés

- Los sentimientos y las preocupaciones pueden influenciar en el modo de enfrentarse a los síntomas del SCI.
- Es posible que el estrés no afecte a los intestinos hasta al cabo de unos días de haberlo sufrido.
- El estrés puede afectar a los intestinos de una manera diferente y en distinto grado cada vez.
- En esta moderna y ajetreada vida hemos llegado a acostumbrarnos tanto al estrés que tenemos problemas para identificarlo. Pregúntate el nivel de estrés al que estás sometido cada día y si has percibido algunos sentimientos o sucesos dignos de tener en cuenta.

Escribir el diario

Elige un momento concreto del día para anotar las cosas en tu diario ASS. Puede que prefieras hacerlo al acabar el día, cuando todo parece estar más calmado y tienes un poco de tiempo para ti. Rememora lo que has hecho durante el día y anota lo que has comido y bebido y los síntomas de SCI que hayas podido experimentar, incluido el momento del día y la severidad de los mismos. Los pacientes de la doctora Frissora anotan lo que han fumado, si han tomado chicle, alimentos con fructosa o bebidas carbónicas. La doctora les pide, además, que escriban cuándo empezaron a tomar determinado medicamento relacionado con sus síntomas (en la página 124 encontrarás un modelo).

Paso 2: tomar alimentos ricos en fibra (si se toleran)

Observa que en este paso no se dice «toma fibra», sino «toma alimentos ricos en fibra». Sabemos que ambos tipos de fibra benefician a nuestro organismo de muchas maneras, pero en los alimentos ricos en fibra existen otros nutrientes y agentes fitoquímicos que contribuyen a combatir el cáncer y también las enfermedades cardiovasculares. En este mismo capítulo hallarás más información al respecto.

A fin de que una dieta rica en fibra tenga un efecto mágico tienes que seguirla a diario. Por otra parte, funciona mucho mejor si la repartes a lo largo del día.

No intentes recuperar en unas horas toda la fibra que has dejado de tomar. Empieza con cantidades pequeñas de alimentos ricos en fibra y ve aumentando unos 25 o 30 g cada día.

Una cosa más: no debes incrementar la ingesta de fibra sin aumentar al mismo tiempo la compañera de la fibra: el agua. Bebe mucho líquido (preferiblemente sin cafeína, alcohol o demasiado azúcar). Para más detalles al respecto, consulta el paso 3.

¿Recuerdas que, tal y como he mencionado ya unas cuantas veces, cada paciente que padece SCI es diferente, incluso dentro de los tipos específicos del SCI? Pues lo mismo sucede con el modo en que la fibra ayuda al organismo.

Los estudios realizados indican que existen resultados contradictorios en el modo en que ciertos suplementos de fibra (como el Citrucel) o el salvado de trigo actúan en pacientes con SCI. El salvado de trigo, por ejemplo, en la mayoría de las investigaciones parece mejorar el estreñimiento y la inflamación intestinal, pero a algunas personas les provoca un empeoramiento de los síntomas.

La mejor manera de saber cómo actúa la fibra en cada uno es experimentando con ella, pero debe hacerse bajo supervisión médica. No hay que olvidar aumentar la ingesta de fibra poco a poco (durante varias semanas) y beber mucha agua con ella.

El papel de la fibra en los intestinos

La fibra está compuesta por hidratos de carbono complejos que no son digeridos por las enzimas humanas. Es uno de los últimos componentes de una comida en abandonar el estómago. El cuerpo retiene la fibra en el estómago tanto como le es posible, de modo que no interfiere en la digestión/absorción de los otros componentes alimentarios que van descendiendo por los intestinos.

Cuando la fibra llega al intestino delgado, las enzimas bacterianas presentes normalmente en los intestinos intentan descomponer parte de ella. Los nutrientes resultantes de esa descomposición son del todo esenciales para la salud de las células que recubren el intestino delgado (los gases son un subproducto de la descomposición bacteriana de la fibra).

Si sufres estreñimiento o diarrea periódicos

No es ninguna sorpresa que a las personas con síndrome de colon irritable que batallan periódicamente contra el estreñimiento les va muy bien seguir dietas ricas en fibra. Cuando pensamos en estreñimiento, pensamos en la necesidad de la fibra. Pero si se sufre la diarrea vinculada al SCI, un pequeño suplemento de fibra y un agente que aumente el bolo intestinal, como por ejemplo el plantago, puede ser también una buena ayuda, ya que incorpora mucha fibra de manera rápida e indolora.

En el mercado hay diversos productos de *psyllium* plantago, aunque hay que tener en cuenta que a algunas personas les produce distensión abdominal. Yo he tomado Perdiem, un suplemento de *psyllium*, antes de acostarme y he comprobado que minimiza los síntomas matutinos sin sufrir distensión abdominal y otros efectos secundarios; existen otros agentes que aumentan el bolo intestinal (la metilcelulosa o el policarbofilo) que según se cree son menos proclives a producir esta distensión.

Comienza tomando la mitad de la dosis recomendada y ve incrementándola durante unos días hasta llegar a la dosis completa. El prospecto del Perdiem, por ejemplo, indica que los adultos y los niños mayores de doce años deben tomar de una a dos cucharaditas colmadas, una o dos veces al día. Comienza el tratamiento con media cucharadita, una o dos veces al día. Tras un par de días, aumenta la dosis a una cucharadita una o dos veces al día, y después de un par de días más, auméntala a una cucharadita y media, de una a dos veces al día. Finalmente, al cabo de unos días, toma dos cucharaditas una o dos veces al día.

Seis consejos sobre fibra para las personas con problemas intestinales

1. Intenta tomar unas tres raciones diarias de cereales integrales o productos que los contengan (pan, *crackers*, magdalenas o cereales). En los últimos años, los científicos han atribuido a la mayoría de los cereales integrales efectos beneficiosos para la salud debido a su contenido en fibra. Ahora se sabe también que los nutrientes y los agentes fitoquímicos que contienen los cereales integrales juegan un papel preventivo frente al cáncer y las enfermedades cardiovasculares. Los cereales integrales contienen:

   • Lignanos, que, según parece, actúan como antioxidantes, evitando los cambios celulares que pueden conducir al cáncer.
   • Flavonoides, que reducen el riesgo de sufrir enfermedades cardiovasculares.
   • Tocotrienoles, unos poderosos antioxidantes que ayudan a evitar la formación del colesterol malo.
   • Saponinas, unos agentes que se unen al colesterol en el tracto digestivo y eliminan del organismo.
   • Vitamina E, un importante antioxidante que está vinculado a la reducción del riesgo de padecer enfermedades cardiovasculares y de algunos cánceres.
   • Minerales (zinc, magnesio, cobre, hierro, manganeso y magnesio), que ayudan a proteger las células corporales de la oxidación.

2. Descubre qué tipo de fibra te funciona mejor, la soluble o la insoluble (la avena y la cebada son ricas en fibras solubles, y otros cereales integrales lo son en fibras insolubles). Ambos tipos de fibra son beneficiosos para nuestro organismo, pero de diferente manera (*véase* el recuadro en el capítulo 3), de modo que lo mejor en general es combinar ambos tipos. Pero ¿qué hay de las personas con SCI? Si bien algunos especialistas recomiendan para los intestinos irritados centrarse en las fibras insolubles, la mayoría de los pacientes de SCI toleran bien los cereales con fibra soluble (avena, cebada, plántago). De hecho, hay personas a las que les va mejor la fibra soluble que la insoluble.

3. No tomes la fibra de una sola vez. Es preferible que tanto los alimentos como los suplementos de fibra se tomen repartidos a lo largo del día.

4. Ingiere la fruta y verdura (alimentos con fibra e importantes nutrientes) que mejor toleres y que no liberen gases a quienes padecen el SCI, como por ejemplo: boniatos cocidos, chirivías, nabos, zanahorias y judías verdes y amarillas (en los capítulos 2 y 3 encontrarás listas de estos alimentos).

5. Bebe unos ocho o más vasos de agua, de unos 250 ml al día (en el paso 3 encontrarás más información).

6. Concédete tiempo, el tracto intestinal necesita hasta unas seis semanas para adaptarse a un plan dietético más rico en fibra. Sin embargo, es posible que en algunas personas los intestinos no lleguen nunca a adaptarse a algunos alimentos como la col o algunas alubias.

Paso 3: bebe unos ocho o más vasos de agua al día

Las bebidas sin cafeína, como los zumos, la leche o las infusiones, pueden representar unos dos de los ocho vasos al día. El resto debe ser la buena y anticuada agua. Los intestinos sanos necesitan mucha agua para poder funcionar de la manera correcta. Si sigues el paso 2 y tomas mucha fibra, beber más agua es incluso más importante; las dos cosas van de la mano.

Sé lo difícil que es beberse todos esos vasos. Yo es algo en lo que tengo que trabajar cada día. Aquí tienes unos cuantos trucos que a mí me funcionan:

1. Llevar agua en el automóvil cuando tengo que conducir.
2. Intentar beber un vaso de agua o una taza de té nada más levantarse por la mañana (esto es una de las primeras cosas que hago) y otro antes de acostarse. Esos dos vasos ya cuentan.
3. Beber «agua divertida» cada día. Yo me gratifico con un vaso de agua con hielo y una rodajita de limón, o bien con un vaso de agua mineral (sin azúcar) con sabor a lima, limón o cola.
4. Tomar un té negro o un té verde de los que realmente te gustan. Hazte una buena cantidad para conservarlo en la nevera. A mí me gustan las infusiones de melocotón y jengibre y el té verde con sabor tropical, ya sea caliente o frío.

Paso 4: reducir la ingesta de cafeína

El café es un ejemplo de bebida que se puede tolerar en pequeñas cantidades o nada en absoluto. ¿Por qué? El café contiene cafeína, que estimula los músculos del tracto intestinal. La taza de café matutina da una sacudida a los intestinos a la vez que al cerebro. Quizás hayas notado cómo los intestinos parecen despertarse entre unos 30 y 60 minutos después de haber tomado café. La cafeína estimula también los riñones y provoca que libere en la vejiga más agua de la necesaria. Este efecto diurético parece ciertamente ir en contra de todo lo recomendado en el paso 3.

En la dieta occidental, la principal fuente de cafeína es el café; la segunda es la cola y otros refrescos. Toma sobre todo café descafeinado para minimizar la estimulación de los músculos y la deshidratación, pero ten cuidado, porque aun así puedes experimentar dolor o ardor de estómago.

A mí me gusta el café como al que más, pero desde hace ya mucho tiempo tomo café descafeinado. Cuando alguna vez he vuelto a tomar café he tenido problemas para dormir y me he sentido nerviosa, débil y un tanto exaltada, y eso no es exactamente el efecto que busco. Personalmente, no necesito el café como estimulante, pero me gusta su sabor, así que con el descafeinado ya me vale.

Es cierto que la fuente de cafeína más conocida es el café, pero la verdad es que también se puede encontrar una cantidad de cafeína similar (o más) en algunos fármacos (con receta y sin receta), en las bebidas energéticas, o incluso en algunos helados.

Bebida	Cafeína (mg)
Café, 170 ml	
Filtrado automático	70-140
Filtrado de goteo	110-180
Instantáneo con cafeína	60- 90
Instantáneo descafeinado	0-6
Té, 170 ml	
Ligero	20-25
Fuerte	80-110
Cola (lata de 350 ml)	20-60

Paso 5: evita las comidas ricas en grasas y los tentempiés

Me temo que el SCI es otra razón más para no tomar mucha comida rica en grasa. Se sabe que la grasa en los alimentos acentúa la respuesta gastrocolónica. La grasa es difícil de digerir, por tanto, cuanto más contenido en grasa tengan los alimentos, más tiempo permanece en el estómago antes de circular por los intestinos.

Me imagino que te has dado cuenta de que una gran cantidad de grasa ingerida en una sola comida hace que los intestinos se irriten más. ¿Significa eso que tienes que tomar todo sin grasa y evitarla por completo? Ciertamente no. Puedes tomar grasa, pero sin extralimitarte. Recuerda que ésta se tolera mejor cuando se toma en pequeñas cantidades repartidas a lo largo del día que cuando se ingiere de una sola vez. Debes estudiar qué significa para ti en cuanto a opciones alimentarias y síntomas.

Yo he advertido que me sienta bastante bien tomar media ración de tempura (verduras y gambas rebozadas en harina y fritas), pero no tanto si como una ración entera. Y si voy a un restaurante, llevo bien tomar un solo plato rico en grasas, pero si además pido un postre y un aperitivo también graso, lo más seguro es que tenga problemas digestivos.

¿Y tomar las comidas favoritas pero en versión baja en grasa? ¿No es mejor para los intestinos? Los médicos afirman que para la mayoría de las personas la respuesta es afirmativa. Mi propia experiencia me ha demostrado que en mi caso eso es así. Unos espaguetis, por ejemplo, bajos en grasa, elaborados con carne muy magra y sazonados con prudencia, me sientan mucho mejor que otros grasos y acompañados con salchichas. También puedes experimentar que una hamburguesa hecha en casa con carne muy magra y acompañada de unas patatas cocinadas al horno te sentarán mucho mejor que una hamburguesa con beicon y patatas fritas. Tenlo presente cuando eches un vistazo a tu diario ASS.

En el capítulo 6 (consejos para el supermercado) y en el capítulo 7 (consejos para comer fuera), encontrarás ideas para evitar comidas ricas en grasas. Para comer sin grasas en casa, examina la siguiente información y las recetas del capítulo 5.

¿Hasta dónde puedes llegar?

¿De cuánta grasa puedes prescindir para seguir manteniendo el sabor y la textura de una receta original? Cada receta cuenta con un *límite ideal* (la cantidad mínima necesaria de aceite, mantequilla, margarina o manteca), para que el alimento tenga un sabor similar al original con la grasa completa. Si utilizas menos de esa cantidad o no usas el sustitutivo idóneo, no quedarás satisfecho con los resultados. He elaborado recetas *light* durante quince años, y he escrito seis libros de recetas, así que sé de qué hablo. A lo largo de los años he creado unos límites ideales y también he pensado en cómo sustituir la grasa en diversos tipos de recetas.

Mis sustitutivos de grasa favoritos

Los sustitutivos de grasa favoritos son aquellos ingredientes sin grasa o muy pobres en ella que se utilizan en las recetas. Los siguientes sustitutivos de grasa son los que constituyen mi recopilación favorita. Todos estos alimentos añaden sabor y textura con nada de grasa o muy poca. Creo que cada receta tiene un sustitutivo idóneo; así, por ejemplo, se puede usar el yogur desnatado de limón para preparar un bizcocho de harina de maíz, y sirope de arce para guisar las salchichas de pollo. En los *brownies* suelo emplear crema agria *light*, pero en las galletas prefiero utilizar crema de queso desnatada. Para sustituir la grasa en los pasteles con base de galletas o *crackers*, uso licor de café.

Suero de leche

El suero de leche es un sustitutivo perfecto en algunas recetas, pues es espeso y aporta un característico y agradable sabor agrio. Yo compro siempre el recipiente más pequeño porque suele estropearse enseguida.

Sirope de chocolate

Aunque puede parecer graso, el sirope de chocolate apenas contiene grasa y tiene de 40 a 50 calorías por cucharada. Úsalo en vez de aceite o mantequilla para preparar pasteles o bizcochos. Además, puedes reducir la cantidad de azúcar que indique la receta, ya que el sirope de chocolate aporta un dulzor extra.

Queso crema o queso para untar (desnatado o semidesnatado)

Este tipo de queso crema es un buen sustitutivo de la mantequilla o de la manteca siempre que sea necesario contar con un ingrediente graso, como es el caso de las galletas, los pasteles, las coberturas o las bases para los pasteles.

Yogur semidesnatado de sabores

Me gusta usar este tipo de yogures para sustituir el aceite a la hora de elaborar panes rápidos, así como en algunos pasteles y bizcochos de café. Es divertido utilizar sus diversos sabores: prueba el de café o el de vainilla para un pastel de chocolate, y el de limón o naranja para un bizcocho con especias.

Crema agria desnatada o semidesnatada

Este tipo de crema ligera la uso para sustituir la mantequilla o la manteca de los pasteles y los bizcochos (y a veces en los postres y las salsas, entre otras cosas).

Zumo de limón

Me gusta el zumo de limón para reemplazar gran parte del aceite de las marinadas o de los aderezos para ensalada, e incluso en los pasteles y los panes rápidos, pues aporta mucho sabor, aunque se emplee en muy poca cantidad.

Frutas y compotas

Utilizo fruta triturada, como piña, por ejemplo, o en compota, siempre que sus sabores complementen al resto de ingredientes de la receta. La piña triturada la uso, por ejemplo, para sustituir parte del aceite de un pastel de zanahoria, o la compota de manzana para reemplazar la mitad de la mantequilla de un pastel para el café (bizcocho) o pastel de especias.

Mayonesa light o totalmente desgrasada

La empleo para recubrir un plato o para que no se me desmenuce alguna masa o cobertura y para su consistencia. También la utilizo para espesar algún aderezo para ensalada y reducir así su contenido graso.

Sirope de arce

El sirope de arce lo he usado para sustituir la manteca cuando hago salchichas de pollo, y en algunos pasteles de especias, panes rápidos y ciertos tipos de galletas.

Melazas

Empléalas para las marinadas de las carnes o para algunas salsas. También pueden sustituir parte de la mantequilla o el aceite que llevan algunos panecillos, el pastel para el café y las galletas de especias.

Sirope de maíz

Puedes reducir la cantidad de azúcar de algunas recetas y después sustituir parte de la grasa por sirope de maíz. La estructura química de este alimento hace que los productos horneados conserven más tiempo la humedad, ya que la libera en el alimento de manera lenta.

Paso 6: evita las especias problemáticas

Algunas personas con SCI no toleran las especias picantes, la salsa barbacoa u otros alimentos que contengan:

- Chili en polvo.
- Curry.
- Guindillas.
- Jengibre.
- Ajo.

Es posible que toleres estas especias en escasa cantidad o que no te causen ningún problema en absoluto. Puede que te sienten bien el curry, el jengibre y el ajo, pero que tengas problemas con el chili en polvo o las guindillas. Sin embargo, hay maneras de añadir sabor y especias a tus platos sin desencadenar los síntomas del SCI. Usa plantas y especias que no suelen producir problemas, como la albahaca, el orégano, el tomillo y el romero.

Paso 7: prudencia con el alcohol

El alcohol estimula el aparato digestivo al hacer que los jugos gástricos fluyan, lo que causa ardor y dolor de estómago y diarreas. Las personas con SCI (y, de hecho, todas las demás) deben tomar alcohol de forma moderada:

- Una copa al día las mujeres.
- No más de dos copas al día los hombres.

En un restaurante o en una fiesta, en vez de acabar con una copa de alguna bebida alcohólica puedes:

1. Pedir una bebida apetitosa sin alcohol, un daiquiri, una margarita o un Bloody Mary.
2. Disfruta de las muchas y estupendas bebidas sin alcohol que existen hoy en día.
3. Tómate una bebida con café (sin alcohol, y sin cafeína a ser posible).
4. Pide una soda con un poco de limón o de lima.
5. Disfruta de un buen té, frío o caliente (descafeinado, a ser posible).
6. Para cambiar, sobre todo si es invierno, pide un chocolate caliente.

Paso 8: evita los alimentos que producen gases

Hay personas con SCI a las que no son los gases los que más molestias les ocasionan, sino los dolores abdominales y la distensión que suelen acompañarlos. Reducir en la dieta los alimentos que producen gases puede ayudar a aliviar estos problemas.

Gran parte de esos alimentos contienen hidratos de carbono, los cuales no son totalmente digeridos por el intestino delgado. Al final del intestino grueso, las bacterias (presentes por lo general en los intestinos) digieren los hidratos y en la descomposición de los mismos producen gases. ¿A qué alimentos (si es que no lo sabes) nos referimos? A ciertas frutas y verduras, a algunas legumbres (y a los lácteos en aquellas personas con intolerancia a la lactosa), así como a cualquiera de los alcoholes de azúcar.

Las siguientes legumbres pueden causar problemas aunque estén bien cocidas: lentejas, guisantes secos, alubias blancas, alubias de riñón, alubias moradas, guisantes partidos y judías pintas.

Las siguientes frutas pueden también causar problemas a algunas personas: manzanas (con piel), melón, aguacates, ciruelas, melón cantalupo y sandía.

Otros alimentos y bebidas igualmente problemáticos son: la cerveza, las semillas (de sésamo, de amapola, de girasol, de lino), los huevos cocidos, las bebidas carbónicas, las nueces, el germen de trigo, las palomitas de maíz y las especias (chili en polvo, ajo, salsa picante, curry, jengibre, salsa de barbacoa).

Hay personas con SCI que tienen un problema especial con la fermentación bacteriana y la producción de gases en el colon. Los estudios realizados han demostrado que en los pacientes con SCI hay una mayor producción de gases que en el resto de las personas.

En un reciente estudio se controló a unos pacientes con este problema con una dieta especial. En ella se excluyeron las carnes y los lácteos (y se les proporcionó alimentos con soja), los cereales, a excepción del arroz, y también la levadura, los cítricos y las bebidas con cafeína. Los investigadores comprobaron que la producción de gases y sus síntomas se redujeron (*Lancet* 352 [9135]: 1187, 1998).

Paso 9: come menos y con más frecuencia

En las personas con SCI, las comidas abundantes pueden producir espasmos y diarreas. Se ha comprobado que aproximadamente la mitad de los pacientes con SCI sufrían dolores estomacales y otros síntomas gastrointestinales después de comer en abundancia (*American Journal of Medicine* 107 [5A]:33S-40S, 1999).

Comer en menor cantidad, pero con mayor frecuencia, reduce la carga intestinal. De este modo se ejercitan los intestinos y no se les da más trabajo del que pueden controlar de una vez. Si piensas en ello, comprobarás que tiene sentido. Pero no te saltes ninguna comida. A nuestros intestinos les gusta la rutina, quieren comidas regulares, lo que significa no saltarse ninguna siempre que sea posible.

Es más fácil decirlo que hacerlo

Nuestra sociedad se basa en la rutina de tres comidas diarias (de las que el almuerzo suele ser la más abundante), de modo que si sueles comer con frecuencia fuera de casa, este paso te resultará bastante difícil. En los restaurantes acostumbran a servir raciones copiosas, y se requiere una dedicación especial para comer sólo la mitad del plato y guardar la mitad para luego (o pedir directamente menos cantidad). Si pides espaguetis, por ejemplo, puedes tomarte la ensalada y la mitad del primer plato, y dejar el pan y los espaguetis para otro día. No es fácil, pero puede hacerse. Y si te ayuda a reducir tus síntomas, bien vale la pena.

Paso 10: ¡haz ejercicio!

Para las personas con SCI el ejercicio puede ser un tratamiento terapéutico. Es cierto que el ejercicio ayuda a quienes suelen sufrir épocas de estreñimiento. Esto se debe a que el ejercicio físico es otro estimulante intestinal. Moverse y usar los músculos hace que las cosas se muevan en el aparato digestivo. También puede ser beneficioso para las personas con otros síntomas del SCI, pues el ejercicio es un gran reductor del estrés, y éste desencadena brotes de esta enfermedad.

Es posible que percibas que tu cuerpo prefiere ciertas horas para hacer ejercicio, que te vaya mejor practicarlo a primera hora de la mañana, ya que reduce el estreñimiento. Si tus intestinos son más activos a primera hora, hacer ejercicio más tarde te puede ir mejor. Prueba a hacerlo a diferentes horas del día.

Otra opción es hacer ejercicio durante el día. Puedes, por ejemplo, sacar al perro de paseo por la mañana y luego, por la noche, hacer un poco de bicicleta estática mientras ves algún programa en la televisión. O bien, si trabajas en una oficina, ve caminando a la oficina desde el automóvil, el metro o el autobús y sube escaleras unas cuantas veces al día. Después, puedes hacer algo más de ejercicio ya en casa. Con frecuencia estamos limitados por nuestro estilo de vida y por los horarios de trabajo, de modo que haz lo que puedas.

Si hace tiempo que no haces nada de ejercicio, empezar es lo más duro. Una vez comienzas y compruebas la diferencia (más energía, menos estreñimiento, dormir mejor) es fácil seguir con ello. Si eres un auténtico consumidor de sofá, quizás lo mejor sea empezar con la bicicleta estática mientras ves la televisión. A mí una hora se me pasa muy rápido pedaleando encima de mi cómoda bicicleta mientras veo mis programas favoritos. Una de las claves de éxito en este tema es buscar un tipo de ejercicio que te guste y que encaje en tu estilo de vida. Si lo consigues te será mucho más fácil ser constante.

¿Cuánta fibra?

El Instituto Nacional del Cáncer y la Agencia Norteamericana de Alimentos y Medicamentos recomiendan tomar entre 25 y 30 g de fibra al día.

Diario ASS

Día ....

Hora	Comidas/ Bebidas	Síntomas/ Intensidad	Estrés/ Sensaciones
....	....	....	....
....	....	....	....
....	....	....	....
....	....	....	....
....	....	....	....
....	....	....	....
....	....	....	....
....	....	....	....
....	....	....	....
....	....	....	....
....	....	....	....
....	....	....	....

Notas

Posibles alimentos desencadenantes de síntomas

....

....

....

....

¿No has oído hablar nunca del plantago *psyllium*?

El plantago, o zaragotana, es una planta originaria de la India, cuyas semillas son muy ricas en fibra soluble. Desde principios del siglo XX, la industria farmacéutica estadounidense fabrica laxantes con estas semillas.

Advertencia: hay personas que experimentan ciertas reacciones alérgicas al plantago, que van desde la nariz obstruida, los ojos llorosos, tos y sibilancia al respirar a un shock anafiláctico (muy poco común). Por tanto, hay que empezar a tomarlo en cantidades muy pequeñas para asegurarse de que no se es alérgico.

¿Hay alguna alternativa al plantago *psyllium*)?

Cuando hay problemas con la distensión abdominal, el doctor Walter Coyle, director del programa de gastroenterología de la Clínica Scrips, utiliza Citrucel (metilcelulosa), que no suele provocar esa reacción, como alternativa.

¿Qué te ofrece cada tipo de fibra?

La fibra aporta a nuestro organismo muchas cosas, no sólo movimiento intestinal.

Fibra soluble: avena, legumbres, plantago y algunas frutas y verduras (zanahorias, manzanas, cítricos). Reduce el colesterol y el riesgo de padecer diabetes.

Fibra insoluble: cascarilla de cereales integrales, salvado de trigo y tallos y pieles de frutas y verduras. Puede reducir el riesgo de padecer cáncer de colon, diverticulosis, venas varicosas, hemorroides y obesidad.

La fibra nos ayuda también a comer menos al descender el nivel de insulina, un estimulante del apetito, y hacernos sentir saciados.

Límites ideales de grasa y sustitutivos de la misma en diversos tipos de recetas

Receta	Límite de grasa	Sustitutivos de la grasa
Panecillos o biscuits	4 cucharadas de manteca por cada dos tazas de harina	Queso en crema desnatado o crema agria ligera
Preparados para pasteles	No se necesita grasa adicional porque la mayoría de los preparados ya incluyen 4 g de grasa por ración; reemplaza el aceite que se precisa por uno de los sustitutivos de la lista	Crema agria desnatada o ligera, compota de manzana, zumo de piña o licor, según el pastel
Pasteles caseros y pasteles para acompañar el café	60 g de manteca o mantequilla por pastel	Licor para algunos pasteles, crema agria ligera para los de chocolate; los zumos de fruta o las compotas van bien con los pasteles de zanahoria, de manzana y de especias
Salsa de queso	Prescinde de la mantequilla, el queso es en sí un ingrediente graso, utiliza un cheddar bajo en grasa	Haz tu propio espesante mezclando harina Wondra con un poco de leche, después añádelo al resto de la leche de la receta
Galletas	Por lo general, sólo se puede reducir la mitad de la grasa. Si en la receta se indica una taza de mantequilla, añade la mitad de una taza	Queso en crema desnatado para las galletas esponjosas; un poco de compota de fruta para las galletas secas; y sirope de arce para las galletas de avena

Límites ideales de grasa y sustitutivos de la misma en diversos tipos de recetas

Receta	Límite de grasa	Sustitutivos de la grasa
Glaseado		Reduce la mitad de la grasa utilizando una margarina de calidad
Marinadas	1 cucharada de aceite de oliva o de canola por cada taza de marinada (o no añadir nada)	Zumo de fruta o cerveza para contrarrestar el sabor intenso de la mayoría de los ingredientes ácidos (vinagre, zumo de tomate)
Magdalenas y panes de frutos secos	2 cucharadas de aceite de oliva o de canola para una receta de 12 magdalenas	Crema agria desnatada, yogures de sabores, compotas, sirope de arce
Pasteles y masas para bases de pasteles	3 cucharadas de manteca o margarina de aceite de oliva por cada taza de harina	Utiliza queso cremoso desnatado y sustituye el suero de leche por agua
Vinagretas	1 o 2 cucharadas de aceite de oliva o de canola por cada ½ taza de salsa vinagreta	Zumos de fruta, compotas (frambuesa o pera), sirope de maíz ligero, sirope de arce, vino sin alcohol (según la receta)
Salsas blancas y salsas de carne	1 cucharadita de mantequilla por ración de salsa	Sustituye la grasa por un poco más de leche o por caldo. Yo uso leche entera para las salsas blancas, pues, para mí, la leche entera es crema

Capítulo 5

24 recetas imprescindibles

Espero que disfrutes con la serie de recetas que incluyo en este capítulo. Aquí hay recetas para todos, incluidas las de todo tipo de fibra, así que descubre cuál te va mejor. Encontrarás, por ejemplo, recetas para incrementar la ingesta de fibra (como la de las magdalenas de pasas y salvado), o para incorporar a tu dieta el pan integral (tostadas de canela y azúcar). Hay también recetas de comidas de fácil digestión (pechugas de pollo en una olla de cocción lenta, salmón con salsa de vino, y arroz con limón). Pero, sobre todo, hallarás recetas ligeras, bajas en grasa, para elaborar esos platos grasientos que todos conocemos y adoramos (hamburguesas con patatas, *manicotti* de espinacas, pastelillos de queso y chocolate y más). ¡No olvides echar un vistazo a la sección de cocción lenta del final del capítulo!

Magdalenas de salvado y uvas pasas

Esta receta es para todos los que toleren bien el salvado de trigo. Quedan bien congeladas, de manera que pueden servir para un magnífico desayuno, para una merienda o para acompañar cualquier comida.

Ingredientes para 18 magdalenas
Nota: 1 taza equivale a unos 220 g, y en las recetas de este libro la medida es el recipiente, no los gramos

- 1 taza de harina de trigo integral
- 1 ½ taza de harina blanca sin blanquear
- 1 ¼ taza de azúcar
- 2 ½ cucharaditas de bicarbonato
- 1 cucharadita de sal
- 3 tazas de salvado con pasas
- 2 tazas de suero de leche semidesnatada
- ¼ de taza de aceite de oliva o de canola
- ¼ de taza de sirope de arce
- 1 huevo grande
- 2 claras de huevo

1. Precalienta el horno a 200 °C y cubre 18 moldes con papel sulfurizado (o bien engrásalos con aceite de oliva o de canola en espray).
2. En un cuenco grande, vierte las harinas, el azúcar, el bicarbonato y la sal y bate bien a baja velocidad. Añade después el salvado y vuelve a batir despacio hasta que esté bien incorporado.
3. Vierte en un cuenco mediano el suero de leche, el aceite, el sirope de arce y los huevos y bate todo bien con un tenedor. Mézclalo con los ingredientes secos y babe ligeramente todo, lo justo para que se integre.

4. Pon en cada molde ¼ de taza de la masa y hornea las magdalenas durante unos 15 minutos, aproximadamente (para comprobar si están cocidas, pínchalas en el centro con un palillo, que tiene que salir limpio). Sácalas del horno, colócalas sobre una rejilla y deja que se enfríen.

Nota: puedes conservar la masa en el frigorífico, tapada, durante una semana, aunque se espesará un poco.

Datos nutricionales (en cada magdalena): 195 calorías, 4,5 g de proteínas, 37 g de hidratos de carbono, 4 g de grasa (5 g de grasas saturadas), 12 mg de colesterol, 3 g de fibra, 370 mg de sodio. Calorías procedentes de las grasas: 18 %.

Magdalenas de salvado de avena streusel *(con cobertura)*

Ingredientes para 12 magdalenas

Cobertura streusel
- 3 cucharadas de harina sin blanquear
- 3 cucharadas de azúcar
- ½ cucharadita de canela en polvo
- 2 cucharadas de margarina de aceite de oliva o de canola

Arándanos
- 1 ½ tazas de arándanos frescos o congelados
- 1 o 2 cucharadas de harina (opcional)

Masa

- ⅔ de taza de salvado de avena (en copos)
- ⅔ de taza de harina sin blanquear
- ⅔ de taza de harina de trigo integral
- 2 cucharaditas de levadura en polvo
- ½ cucharadita de sal
- 2 cucharaditas de margarina
- ⅓ de taza de sirope de maíz *light*
- ⅓ de taza de azúcar blanquilla
- 1 huevo
- 2 claras de huevo (o ¼ de taza de sustitutivo de huevo)
- 1 cucharadita de extracto de vainilla
- ¼ de cucharadita de ralladura de limón
- ½ taza de leche (entera o semidesnatada)

1. Precalienta el horno a 190 ºC. Cubre 12 moldes de magdalenas con papel sulfurizado (o engrásalos con aceite de oliva o de canola en espray).
2. Prepara la cobertura *struesel*: pon la harina, el azúcar y la canela en un cuenco pequeño y mezcla todo bien. Con la ayuda de un tenedor, incorpora los ingredientes con la mantequilla para formar una especie de migas y reserva.
3. Pon los arándanos en un cuenco pequeño y espolvorea por encima un poco de harina (es opcional; es para evitar que la mantequilla adquiera el color de los arándanos).
4. En un cuenco mediano, mezcla la avena con las harinas, la levadura en polvo y la sal.
5. En el vaso de la batidora eléctrica, pon la margarina, el sirope de maíz y el azúcar y bate todo a velocidad media

hasta que esté cremoso y ligero. Añade el huevo y las claras, sigue batiendo y, por último, agrega la vainilla y la ralladura de limón.

6. A baja velocidad, bate los ingredientes secos, incorpora la leche y bate de nuevo muy poco (que no quede excesivamente mezclado). Añade los arándanos a la preparación con mucho cuidado.

7. Vierte ¼ de taza de la masa en cada molde, y a continuación un poco de *streusel* por encima. Hornea durante unos 20 minutos o hasta que, al pinchar con un palillo el centro de una magdalena, éste salga limpio. Saca las magdalenas del horno y deja que se enfríen encima de una rejilla.

Datos nutricionales por ración (si la leche es semidesnatada): 186 calorías, 4 g de proteínas, 34 g de hidratos de carbono, 4,9 g de grasa (0,9 g de grasas saturadas), 18 mg de colesterol, 3 g de fibra, 233 mg de sodio. Calorías procedentes de la grasa: 23 %.

Nota: estas magdalenas se pueden congelar y recalentar en el microondas.

Bizcocho de calabaza y nueces

Ingredientes para 10 raciones
- ¾ de taza de harina blanca sin blanquear
- ½ taza y 2 cucharadas de harina de trigo integral
- 1 ½ tazas de especias para pastel de calabaza
- 1 cucharadita de levadura en polvo

- ½ cucharadita de bicarbonato
- ¼ de cucharadita de sal
- ¼ de taza de nueces finamente picadas
- 3 cucharadas de margarina de canola o de mantequilla a punto de pomada
- ¼ de taza, más 1 cucharada de queso en crema light o desnatado
- ½ taza de azúcar blanquilla
- ½ taza de azúcar moreno
- 1 huevo grande
- 2 cucharadas de sustitutivo de huevo o 1 clara
- ½ taza de puré de calabaza en lata
- 1 cucharadita de corteza de naranja finamente troceada
- 2 cucharadas de zumo de naranja concentrado (o de licor de naranja)

1. Precalienta el horno a 175 ºC. Engrasa un molde de unos 15 x 25 cm (aproximadamente) con aceite y un poco de harina.
2. Mezcla en un cuenco de tamaño mediano los dos tipos de harina, las especias, la levadura, el bicarbonato, la sal y las nueces.
3. En un cuenco grande, con la ayuda de una varilla eléctrica, bate la mantequilla o la margarina y el queso en crema. Añade los dos tipos de azúcar y bate ligeramente.
4. Agrega el huevo y la clara y bate bien de nuevo.
5. Ahora incorpora el puré de calabaza, la corteza y el zumo de naranja.
6. Añade los ingredientes secos a la mezcla y bate todo hasta que obtengas una masa homogénea. Viértela en el molde

engrasado y alísala con la ayuda de una espátula. Hornea durante unos 45 minutos, aproximadamente, o hasta que, al pinchar el bizcocho en el centro con un palillo, éste salga limpio. Deja que se enfríe, sácalo del molde y deja que se enfríe por completo sobre una rejilla.

Datos nutricionales por ración: 212 calorías, 4,5 g de proteínas, 32,5 g de hidratos de carbono, 7,5 g de grasa (2 g de grasas saturadas), 26 mg de colesterol, 2 g de fibra, 235 mg de sodio. Calorías procedentes de la grasa: 32%.

Tostadas de pan de trigo Snickerdoodle

La harina integral del pan aporta a este magnífico desayuno una generosa cantidad de fibra y la margarina de canola le proporciona un estupendo sabor a mantequilla sin todas las grasas saturadas de ésta.

Ingredientes para 5 raciones
- 2 cucharadas de margarina de canola (se puede utilizar mantequilla u otra margarina)
- 3 cucharaditas de azúcar blanquilla
- ¾ de cucharadita de canela en polvo
- 5 rebanadas de pan de trigo integral (de unos 40 g cada una)

1. En un cuenco de natillas o similar, pon la margarina, el azúcar y la canela. Mezcla todo bien con un tenedor o una cuchara hasta que obtengas una pasta uniforme.

2. Tuesta las rebanadas de pan y extiende sobre ellas la mezcla de snickerdoodle.

Datos nutricionales de cada tostada: 150 calorías, 4 g de proteínas, 21 g de hidratos de carbono, 6 g de grasa (0,8 g de grasas saturadas), 0 mg de colesterol, 2,5 g de fibra, 254 mg de sodio. Calorías procedentes de la grasa: 35 %.

Foccacia de *trigo* con *queso* y *salsa marinara*

A primera vista, parece una receta laboriosa, pero en realidad se prepara rápidamente, y ni siquiera es necesario tener una máquina de hacer pan. Acompañando a una sopa o a unas verduras, esta especie de pizza-pan constituye una comida ligera.

Ingredientes para 12 raciones:
- 2 cucharadas de aceite de oliva virgen extra
- 2 dientes de ajo, bien picados o triturados (puedes omitirlos si tienes problemas con el ajo)

Masa:
- 1 ¾ de taza de agua caliente (de 40 a 45 ºC)
- 1 cucharada de azúcar
- 1 paquete de levadura rápida (1 cucharada)
- 2 ½ tazas de harina de trigo integral
- 2 ½ tazas de harina blanca sin blanquear
- 2 cucharadas de aceite de oliva virgen extra
- 1 cucharadita de sal

Para cubrir la pizza y preparación:
- aceite de oliva o de canola en espray
- ⅓ de taza de queso parmesano rallado
- ¾ de cucharadita de orégano seco
- ¼ - ½ cucharadita de sal
- ⅔ de taza de salsa marinara en conserva
- 110 g de queso mozzarella bajo en grasa rallado

1. Mezcla en un cuenco pequeño el ajo con las 2 cucharadas de aceite y reserva (si te acuerdas, prepáralo la noche anterior y consérvalo en la nevera).
2. En un cuenco mediano, incorpora bien el agua, el azúcar y la levadura hasta que ésta se haya disuelto. Deja que la preparación repose durante 5 minutos, o hasta que esté esponjosa.
3. Espolvorea un tazón de harina sobre la mezcla de la levadura y añade aceite y sal. Agrega el resto de la harina y amasa en una superficie de trabajo enharinada.
4. Deja que la masa repose unos 10 minutos mientras precalientas el horno a 230 ºC y preparas la bandeja (engrasa con aceite una bandeja de 30 x 20 cm).
5. Coloca la masa en la bandeja con la yema de los dedos de modo que quede uniforme. Enharínate los dedos y haz unas hendiduras a intervalos de 2 o 3 cm. Vierte por encima la mezcla de ajo y aceite y extiéndela bien sobre la masa con la ayuda de los dedos.
6. En un cuenco pequeño, incorpora el queso parmesano, el orégano y la sal (o bátelo con batidora eléctrica). Espolvoréalo sobre la masa y hornea durante unos 15 o 20 minutos, o hasta que la superficie esté ligeramente dorada. Apaga el horno. Extiende la salsa marinara por

encima de la *focaccia*, espolvorea por encima la mozzarella y vuélvela a introducir en el horno hasta que el queso se derrita (unos 3 minutos, aproximadamente). Córtala en rectángulos y sírvela caliente.

Datos nutricionales por ración: 274 calorías, 10,3 g de proteínas, 41,3 g de hidratos de carbono, 8 g de grasa (2,4 g de grasas saturadas), 7 mg de colesterol, 4 g de fibra, 413 g de fibra, 413 mg de sodio. Calorías procedentes de la grasa: 26%.

Sándwiches con aliño ruso bajo en grasa

Ingredientes para 3 sándwiches
- 6 rebanadas grandes de pan integral de trigo (se puede utilizar la mitad de un pan francés de 450 g)
- 3 cucharadas de aliño ruso (*véase* receta siguiente)
- 2 cucharadas de cebolleta picada (opcional)
- ½ pepino en rodajas (opcional)
- 200 g de jamón cocido magro en lonchas muy finas
- 113 g de queso suizo o Jarlsberg bajo en grasa
- 1 tomate en rodajas

1. Con un cuchillo afilado, corta el pan. En un cuenco pequeño, mezcla el aliño ruso con la cebolleta picada.
2. Coloca encima de las rebanadas de pan capas de rodajas de pepino, jamón, queso y tomate.
3. Extiende el aliño ruso generosamente encima de cada rebanada de pan. Pon encima la otra mitad del sándwich. Antes de servir, corta el sándwich en partes iguales.

Datos nutricionales por ración (si usas pan integral de trigo): 454 calorías, 31 g de proteínas, 50,5 g de hidratos de carbono, 15,5 g de grasa (5 g de grasas saturadas), 48 mg de colesterol, 6,3 g de fibra, 1.600 mg de sodio. Calorías procedentes de las grasas: 30 %.

Aliño ruso

Ingredientes para 5 cucharadas
- 1 cucharada de mayonesa de canola
- 1 cucharada de crema agria desnatada o semidesnatada
- 2 cucharadas de kétchup
- ¼ de cucharadita de salsa picante o dulce
- 1 cucharadita de azúcar
- 1 ½ cucharadita de vinagre de arroz, o de vinagre de vino blanco
- 1 cucharadita de zumo de limón
- ¼ de cucharadita de salsa Worcestershire
- ⅛ de cucharadita de sal
- una pizca de pimienta molida

Pon todos los ingredientes en un cuenco pequeño y mézclalos bien. El aliño se puede conservar, tapado, en el frigorífico durante unas dos semanas. Antes de servir, hay que removerlo bien.

Hamburguesas y patatas fritas bajas en grasa

Para que estén listas las hamburguesas y las patatas al mismo tiempo, precalienta el horno para las patatas, después prepara la mezcla para las hamburguesas y dales forma. Empieza cocinando las patatas y luego sigue con las hamburguesas.

Ingredientes para 4 raciones

Hamburguesas:
- 450 g de carne picada de ternera magra
- 2 cucharadas de salsa de carne embotellada
- ¼ - ½ de cebolla finamente picada (opcional)
- ¼ de taza de sustitutivo de huevo o 1 huevo entero batido
- pimienta molida
- sal de ajo
- aceite de canola en espray
- 4 panecillos para hamburguesa de pan integral
- para cubrir las hamburguesas (opcional): 4 lonchas finas de queso bajo en grasa (cheddar o Monterey Jack), kétchup, mostaza, lechuga y rodajas de tomate

1. En un cuenco, mezcla la carne picada, el sustitutivo de huevo, la salsa de carne y la cebolla (si lo deseas).
2. Divide la carne en cuatro porciones y dale forma de hamburguesas de uno o dos centímetros de grosor.
3. Salpimienta ligeramente cada hamburguesa por ambos lados.

4. Engrasa una sartén o una parrilla con aceite y cocina las hamburguesas a fuego medio durante unos 5 minutos por cada lado, o hasta que estén cocidas a tu gusto.
5. Si lo deseas, cubre cada hamburguesa con una loncha de queso en los últimos 30 segundos de cocción.
6. Sirve las hamburguesas sobre los panecillos y cúbrelos como desees.

Patatas fritas:
- 350 g de patatas congeladas cortados en tiras

1. Precalienta el horno a 230 ºC.
2. Pon las patatas en una fuente de hornear, en una sola capa.
3. Hornea a una altura media del horno durante unos 12 o 20 minutos, o hasta que estén doradas y crujientes.

Datos nutricionales por ración (hamburguesas y patatas): 422 calorías, 25 g de proteínas, 43,5 g de hidratos de carbono, 16 g de grasa (5 g de grasas saturadas), 31 mg de colesterol, 6 g de fibra, 697 mg de sodio. Calorías procedentes de la grasa: 34 %.

Manicotti de espinacas y ricota con salsa Alfredo

Ingredientes para 4 o 5 raciones

Salsa Alfredo ligera:
- 1 cucharada de mantequilla
- 2 tazas de leche entera (también puedes usar leche semidesnatada)

- 4 cucharadas de harina Wondra
- ⅛ de cucharadita de nuez moscada
- ⅛ de cucharadita de pimienta blanca
- ¼ de taza de queso parmesano rallado

Derrite la mantequilla en una sartén mediana o en un cuenco mediano en el microondas. Añade ¼ de leche, la harina, la nuez moscada y la pimienta. Poco a poco, agrega la leche restante. Cuécela en el microondas a potencia alta y removiendo cada 2 minutos o a fuego medio (removiendo a menudo) hasta que la salsa esté ligeramente espesa, más o menos unos 3 o 4 minutos. Incorpora el queso parmesano.

Manicotti:
- 280 g de espinacas congeladas
- 400 g de queso ricotta semidesnatado
- ¾ de taza de queso parmesano rallado
- ½ taza de sustitutivo de huevo
- 4 cucharadas de perejil picado
- sal y pimienta al gusto
- 8 o 10 piezas de pasta *manicotti*
- 8 o 10 lonchas finas de jamón (unos 85 g, aproximadamente)
- 2 tazas de salsa Alfredo *light* (*véase* receta anterior)

1. Precalienta el horno a 180 ºC. Engrasa una bandeja de unos 23 × 33 cm con un poco de aceite de canola.
2. En un vaso mezclador, pon las espinacas, la ricotta, el parmesano, el sustitutivo de huevo y el perejil y bate todo a baja potencia. Añade sal y pimienta al gusto.

3. Rellena cada pieza de *manicotti* con aproximadamente ⅓ del relleno. Colócalos en la bandeja del horno y pon una locha de jamón encima de cada uno.
4. Vierte la salsa Alfredo encima de la pasta y repártela uniformemente. Hornea en la mitad del horno durante unos 30 minutos. Deja que reposen unos 10 minutos antes de servirlos.

Datos nutricionales por ración (si se elaboran 5 raciones): 454 calorías, 30,5 g de proteínas, 43,5 g de hidratos de carbono, 17,5 g de grasa (10 g de grasas saturadas), 55 mg de colesterol, 2,5 g de fibra, 642 mg de sodio. Calorías procedentes de la grasa: 35 %.

Pollo a la parmesana

El queso a la parmesana es uno de mis platos preferidos en los restaurantes. Esta receta es más baja en grasas y te sentará mucho mejor que la versión de los restaurantes.

Ingredientes para 4 raciones:
- ½ taza de sustitutivo de huevo
- ¾ taza de pan rallado al estilo italiano (con queso rallado, ajo y cebolla –secos–, sal y queso parmesano) o pan rallado normal
- ⅛ de cucharadita de pimienta molida
- 4 pechugas de pollo sin piel y deshuesadas, golpeadas con un mazo de carne para que el grosor sea uniforme
- aceite de oliva o de canola en espray

- 2 cucharaditas de aceite de oliva o de canola
- ⅓ de taza de cerveza, de jerez o de vino blanco (opcional)
- 1 ½ tazas de salsa marinara embotellada
- ¾ de taza de queso mozzarella semidesnatado (u 85 g en lonchas finas)
- 2 o 3 cucharadas de queso parmesano rallado

1. Pon el sustitutivo del huevo en una bandeja. En un papel sulfurizado, mezcla el pan rallado y la pimienta. Pasa las pechugas por el huevo y luego por el pan rallado; repite la operación para que el pollo esté bien rebozado. Reserva.
2. Engrasa generosamente una sartén grande con aceite en espray. Añade aceite y caliéntalo a fuego medio. Dora el pollo unos 5 minutos, rocíalo por arriba con un poco de aceite y dale la vuelta para que se dore por el otro lado, otros 5 minutos más o menos. Si la sartén se queda sin aceite, añade la cerveza.
3. Cuando se haya dorado el pollo por los dos lados, vierte por encima la salsa, añade luego la mozzarella y el parmesano. Baja el fuego, tapa el pollo y síguelo cociendo durante 3 o 5 minutos, o hasta que el queso se haya derretido.

Datos nutricionales por ración: 394 calorías, 41 g de proteínas, 25 g de hidratos de carbono, 14 g de grasas (4,7 g de grasas saturadas), 87 mg de colesterol, 1 g de fibra, 600-1.000 mg de sodio. Calorías procedentes de las grasas: 33 %.

Espaguetis en olla de cocción lenta

Ésta es una de mis recetas familiares favoritas. En casa la preparamos cada semana.

Ingredientes para 4 raciones:
- aceite de canola en espray
- 450 g de carne picada de ternera u otra carne magra
- 750 g de salsa marinara embotellada (2 ¾ tazas)
- 4 dientes de ajo, picados o prensados (puedes omitirlos si no los toleras bien)
- 1 cebolla picada (puedes omitirla si no la toleras bien)
- 4-6 tazas de espaguetis integrales de trigo cocidos

1. Engrasa una sartén antiadherente con aceite de canola en espray. Caliéntala a fuego medio, añade la carne picada y desmenúzala bien con la ayuda de una espátula. Remueve la carne de vez en cuando hasta que esté dorada. Introdúcela en la olla de cocción lenta.
2. Vierte la salsa marinara en la olla, añade el ajo y la cebolla (opcional). Mezcla bien.
3. Tapa la olla, ponla a baja potencia y deja que se cueza de 8 a 10 horas (3 horas a potencia alta).
4. Agrega los espaguetis, o vierte una ración de salsa, con la ayuda de una cuchara, sobre cada ración de espaguetis cocidos.

Datos nutricionales por ración: 421 calorías, 32,5 g de proteínas, 55 g de hidratos de carbono, 8 g de grasa (de ellas, 3 g saturadas), 69 mg de colesterol, 3,5 g de fibra, 800 mg de sodio. Calorías procedentes de las grasas: 17 %.

Minipasteles de carne gratinados

Hay muchas recetas de pastel de carne que pueden causar problemas porque suelen ser ricos en grasas (algunos contienen carne de salchichas) muy especiadas, o ambas cosas. Ésta es una versión ligera pero sabrosa de esta receta clásica. Puedes congelar los pasteles y sacarlos cuando los necesites para una comida rápida.

Ingredientes para 5 minipasteles de carne:
- 5 mini moldes de aluminio (8 × 15 cm aprox., disponibles en la mayoría de supermercados)
- 1 kg de carne de ternera picada u otra carne magra
- ¼ de taza de sustitutivo de huevo
- ¾ de taza de queso cheddar semidesnatado
- 1 cebolla pequeña picada (opcional)
- ⅓ de taza de pan rallado
- ½ cucharada de salsa Worcestershire
- 1 cucharada de mostaza de Dijon
- ½ cucharadita de sal
- ½ cucharadita de pimienta
- 1 ¼ de taza de salsa de tomate

1. Precalienta el horno a 180 ºC y engrasa 5 moldes pequeños con aceite de canola en espray.
2. En un cuenco grande, pon la carne picada, el sustitutivo de huevo, el queso, la cebolla, el ajo, el pan rallado, la salsa Worcestershire, la mostaza, la sal y la pimienta. Mezcla todo bien con las manos o con una cuchara de madera.
3. Introduce en cada molde 1 taza, aproximadamente, del contenido del cuenco. Hornea durante unos 25 minutos,

vierte por encima de cada uno ¼ de taza de salsa de tomate y vuelve a hornear durante unos 5 u 8 minutos más.

Sugerencia para servir: sirve cada pastelito de carne con ½ taza de arroz integral cocido y ½ taza de guisantes y zanahorias.

Datos nutricionales por ración (sólo el pastel de carne): 339 calorías, 36 proteínas, 12 g de hidratos de carbono, 15,5 g de grasas (de ellas, 6,8 g de grasas saturadas), 58 mg de colesterol, 2 g de fibra, 815 mg de sodio. Calorías procedentes de las grasas: 43 %.

Datos nutricionales por ración con arroz, guisantes y zanahorias: 517 calorías, 41 g proteínas, 50 g de hidratos de carbono, 16 g de grasa (de ellas, 7 g de grasas saturadas), 58 mg de colesterol, 7 g de fibra, 882 mg de sodio. Calorías procedentes de las grasas: 29 %.

Lasaña rápida y suave (sin cocer)

Se trata de una receta baja en grasas, rápida y suave para prepararla con pasta sin cocer.

Ingredientes para 8 raciones:
- 330 g de carne picada de ternera o cualquier otra carne magra
- 730 g de salsa marinara o salsa para espaguetis de 2 g de grasa por ración
- 440 ml de caldo vegetal o caldo de pollo

- 425 g de queso ricotta semidesnatado o desnatado
- 1 taza de queso mozzarella semidesnatado rallado
- 5 cucharadas de queso parmesano rallado
- 3 cucharadas de perejil fresco troceado o 1 cucharada de perejil seco
- 3 cucharadas de albahaca fresca (opcional)
- ¼ de taza de sustitutivo de huevo
- ½ cucharadita de sal (opcional)
- ¼ de cucharadita de pimienta
- 9 láminas de lasaña sin cocer (aproximadamente unos 270 g; puedes utilizar pasta integral si la encuentras)

1. Precalienta el horno a 180 °C. En una sartén antiadherente grande, saltea la carne picada hasta que se dore. Añade la salsa marinara y el caldo y reserva.
2. En un cuenco mediano, mezcla la ricotta, ¾ de taza de mozzarella, 3 cucharadas de parmesano, perejil, el sustitutivo de huevo, la sal y la pimienta.
3. En una fuente para hornear, pon 1 ½ taza de la carne con salsa, y, encima, 3 láminas de lasaña sin cocer. Espolvorea la pasta con ⅓ de la mezcla de queso. Después, incorpora 1 ½ taza de salsa y carne y 3 láminas más de lasaña. Cubre con ⅓ más del queso. Pon por encima 1 ½ taza de salsa con carne y las últimas 3 láminas de pasta. Cubre con el resto del queso y la salsa con la carne. Por último, espolvorea las 2 cucharadas restantes de queso parmesano y ¼ de taza de mozarella.
4. Engrasa con aceite de canola un poco de papel de aluminio y cubre con cuidado la lasaña. Hornéala durante 35 minutos. Destápala y hornéala 15 minutos más. Deja que repose 10 minutos y sírvela.

Datos nutricionales por ración: 346 calorías, 24 g proteínas, 34,5 g de hidratos de carbono, 12 g de grasas (de ellas, 6 g de grasas saturadas), 38 mg de colesterol, 3 g de fibra, 935 mg de sodio. Calorías procedentes de las grasas: 31 %.

Galletas de avena y pasas (clásicas)

El chocolate, así como los dulces ricos en grasas, pueden acarrear problemas a quienes sufren SCI. Esta versión de galletas de avena bajas en grasa, con la mitad de grasa y un 28 % menos de calorías que la receta original, es una alternativa a las galletas de chocolate.

Ingredientes para 32 galletas grandes:
- ¼ de taza, más ⅛ de margarina de canola o mantequilla a punto de pomada (en esta receta, la margarina debe tener 11 g de grasa por cucharada para que funcione igual que la mantequilla)
- ¼ de taza, más ⅛ de queso en crema desnatado o semidesnatado
- 1 taza de azúcar moreno
- ½ taza de azúcar blanquilla
- ¼ de taza de suero de leche semidesnatado
- ¼ de taza de sustitutivo de huevo
- 2 cucharadas de sirope de arce
- 2 cucharaditas de extracto de vainilla
- 1 taza de harina de trigo sin blanquear (puedes usar también harina integral)
- ½ cucharadita de bicarbonato
- 1 ½ cucharadita de canela en polvo

- ¼ de cucharadita de sal
- 3 tazas de copos de avena instantáneos
- 1 taza de uvas pasas
- ½ taza de nueces troceadas

1. Precalienta el horno a 180 ºC. Engrasa 2 bandejas de horno o moldes para galletas con aceite en espray.
2. En un cuenco grande, bate la mantequilla y el queso en crema. Añade los dos tipos de azúcar, el suero de leche, el sustitutivo de huevo, el sirope de arce y la vainilla, y bate todo hasta que obtengas una masa esponjosa y ligera.
3. Mezcla la harina, el bicarbonato, la canela y la sal; agrégalo a la masa y bate todo bien. Incorpora la avena, las pasas y las nueces y remueve bien todo.
4. Pon porciones de masa en una bandeja de horno preparada, dejando una distancia de unos 5 centímetros entre cada porción.
5. Hornea una bandeja cada vez, y colócala en el tercio superior del horno, durante unos 10 minutos, aproximadamente, o hasta que estén un poco doradas. Saca las galletas del horno y pásalas a una rejilla hasta que se enfríen por completo. Consérvalas en un recipiente hermético.

Datos nutricionales por galleta: 115 calorías, 2,5 g de proteínas, 21 g de hidratos de carbono, 2,7 g de grasa (de ellas, 0,4 g saturadas), 0,3 mg de colesterol, 1,2 g de fibra, 77 mg de sodio. Calorías procedentes de las grasas: 21 %.

Cupcakes *(magdalenas)* de fondo negro

Esta receta es una versión baja en grasa de las populares magdalenas estadounidenses llamadas *cupcakes* de fondo negro. Aunque las de esta receta tienen menos chocolate y menos grasa, siguen siendo totalmente adictivas y deliciosas. Son excelentes para cuando se tiene el capricho de tomar un dulce de chocolate.

Relleno de crema de queso:
- ¾ de taza de queso crema bajo en grasa (o desnatado)
- 1 cucharadita de extracto de vainilla
- ⅓ de taza y una cucharada de azúcar blanquilla
- 1 huevo grande

Masa de magdalenas:
- ¾ de taza de harina sin blanquear
- ¾ de taza de harina integral
- 1 taza de azúcar
- ¼ de taza de cacao sin azúcar
- 1 cucharadita de bicarbonato
- ½ cucharadita de sal
- 1 taza de agua
- 2 cucharadas de aceite de canola
- 3 cucharadas de crema agria desnatada o semidesnatada
- 1 cucharada de vinagre de vino blanco
- 1 ½ cucharadita de extracto de vainilla
- ⅓ de taza de almendras troceadas (opcional)
- 2 cucharadas de azúcar (opcional)

1. Precalienta el horno a 180 °C. Forra 18 moldes de magdalenas con papel sulfurizado, o prepara 18 moldes de papel.
2. Mezcla los ingredientes del relleno de crema de queso en un cuenco pequeño y reserva.
3. En un cuenco grande, incorpora bien las dos harinas, el cacao, el bicarbonato y la sal. Agrega el agua, el aceite, la crema agria, el vinagre y la vainilla. Bate con la batidora eléctrica unos 2 minutos a velocidad media.
4. Rellena los moldes con la masa, sólo hasta la mitad. Reparte por encima la crema de queso con la ayuda de una cuchara. Si lo deseas, espolvorea por encima de cada magdalena almendras y azúcar.
5. Hornea durante 20 minutos, o hasta que estén doradas. Deja que se enfríen. Consérvalas en el frigorífico.

Datos nutricionales por ración: 143 calorías, 3 g de proteínas, 25 g de hidratos de carbono, 3,6 g de grasas (de ellas, 1,5 g de grasas saturadas), 17 mg de colesterol, 2 g de fibra, 185 mg de sodio, calorías procedentes de las grasas: 23 %.

Arroz al limón en microondas

Ingredientes para 4 raciones:
- 1 ½ taza de arroz basmati (también puedes usar arroz integral)
- 1 ¼ tazas de caldo de pollo
- 2-3 cucharadas de zumo de limón
- ⅔ de taza de guisantes congelados (si los toleras)
- sal y pimienta al gusto

1. Pon el arroz, el caldo y el zumo de limón en un recipiente e introdúcelo en el microondas Cuécelo destapado a máxima potencia de 15 a 17 minutos, o hasta que aparezcan en el arroz los típicos orificios del vapor.
2. Echa por encima los guisantes, tapa el recipiente, y cuécelo durante de 5 a 7 minutos más, o hasta que el arroz esté completamente cocido y los guisantes un poco tiernos.
3. Airea el arroz con la ayuda de un tenedor y sirve.

Datos nutricionales por ración: 296 calorías, 9 g de proteínas, 60 g de hidratos de carbono, 1,3 g de grasas (de ellas, 0,4 g saturadas), 0 mg de colesterol, 2 g de fibra, 460 mg de sodio. Calorías procedentes de las grasas: 4 %.

Pudin de tapioca y naranja

Si no te gusta la naranja, intenta preparar el pudin con cuajada de limón o concentrado de compota de manzana.

Ingredientes para 6 raciones:
- ¼ de taza de azúcar (puedes usar menos cantidad)
- 3 cucharadas de tapioca
- 2 ¼ tazas de leche semidesnatada
- ¼ de taza de sustitutivo de huevo
- 2 cucharadas de mermelada de naranja (puedes sustituirla por cuajada de limón o concentrado de compota de manzana)
- 1 cucharadita de vainilla

1. Mezcla el azúcar, la tapioca, la leche, el huevo y la mermelada en un cuenco apto para el microondas. Cuécelo a potencia máxima de 10 a 12 minutos, pero removiendo cada 2 minutos.
2. Añade la vainilla. Deja que se enfríe durante unos 20 minutos. Sirve en platos de postre, caliente o refrigerado. Consérvalo en el frigorífico.

Datos nutricionales por ración: 127 calorías, 5 g de proteínas, 22,5 g de hidratos de carbono, 2 g de grasas (de ellas, 1,3 g grasas saturadas), 8 mg de colesterol, 0 g de fibra, 73 mg de sodio. Calorías procedentes de las grasas: 14%.

Hamburguesa de pavo con salsa **teriyaki**

Ingredientes para 6 hamburguesas:
- 450 g de carne picada de pavo
- 1 taza de arroz cocido al vapor
- ½ taza de jengibre troceado (omítelo si lo prefieres)
- ¼ de taza de salsa teriyaki
- aceite de canola en espray
- 6 panecillos integrales con semillas de sésamo
- ingredientes opcionales: salsa de soja y salsa agridulce, lechuga y tomate

1. En un cuenco grande, pon la carne picada, el arroz, el jengibre y la salsa *teriyaki* y mezcla todo bien con las manos o con una cuchara.
2. Divide la masa en 6 porciones y forma con ellas las hamburguesas, de 2 a 2,5 cm de grosor.

3. Engrasa una bandeja de horno o una sartén antiadherente con aceite en espray. Hornéalas o cuécelas al fuego a temperatura moderada, unos 4 minutos por cada lado, o hasta que estén ligeramente doradas y cocidas por dentro. Sirve cada hamburguesa dentro de un panecillo con los ingredientes extras que te apetezcan.

Datos nutricionales por ración: 279 calorías, 16 g de proteínas, 34 g de hidratos de carbono, 8,3 g de grasas (de ellas, 2,5 g grasas saturadas), 46 mg de colesterol, 5 g de fibra, 780 mg de sodio. Calorías procedentes de las grasas: 27%.

Salmón con salsa de vino

Ingredientes para 2 o 3 raciones:
- 1 ½ cucharaditas de aceite de oliva
- de 70 a 90 g de salmón (en filetes de 1,2 cm de grosor) sin piel ni espinas
- 2 cucharadas de vino blanco seco
- 1 cucharada de perejil fresco finamente picado
- 1 cucharadita de cebollino, fresco, seco o congelado (opcional)
- ajo y sal al gusto
- pimienta molida al gusto

Sugerencias de guarnición:
- 3 tazas de arroz integral al vapor o de espaguetis integrales cocidos
- 3 tazas de verduras al vapor (las que prefieras)

1. Engrasa con aceite de canola una cacerola apta para el microondas. Coloca en ella las piezas de salmón; si es necesario, dobla los filetes por las partes más finas para que tengan el mismo grosor. Vierte por encima el vino y el aceite de oliva, y luego espolvorea con el perejil, el cebollino, el ajo, la sal y la pimienta. Cubre la cacerola.
2. Cuece el pescado en el microondas durante 6 minutos y, si no tiene plato giratorio, da la vuelta al salmón cada 2 minutos para que esté cocido de una manera uniforme. Saca la cacerola y deja que el pescado repose sin cubrir durante unos minutos.
3. Comprueba que el salmón esté cocido pinchándolo con un tenedor por la parte más gruesa. Si no está bien hecho, caliéntalo 1 o 2 minutos más. Sirve cada ración con un poco de arroz y una cucharada de salsa de vino por encima (la salsa que ha quedado en el fondo del plato).

Datos nutricionales por ración (incluidos el arroz y las verduras) calculando 3 trozos de cada una: 498 calorías, 33 g de proteínas, 66 g de hidratos de carbono, 10,5 g de grasas (de ellas, 1,4 g grasas saturadas), 62 mg de colesterol, 7 g de fibra, 100 mg de sodio. Calorías procedentes de las grasas: 19 %.

Cocinar a fuego lento

La doctora Frissora aconseja a sus pacientes con SCI que utilicen la olla de cocción lenta, y lo creas o no, este tipo de ollas es hoy en día uno de mis utensilios favoritos. Me encanta dejarla en marcha cuando me voy de casa y que no pase nada si llego una hora más tarde. Es muy cómodo saber que mientras estás fuera, en casa se está preparando la comida. Si tu familia o tus invitados llegan tarde, no tienes que mantener los alimentos en el fuego una hora más, tan sólo programas la olla de cocción lenta a mínima potencia durante una hora más. ¡Así de fácil!

Guisar las verduras y la carne de manera «lenta pero segura» (y con el mínimo de grasas) puede hacer maravillas en un colon irritable. Aquí presento algunas de mis recetas favoritas en olla de cocción lenta para que empecéis a probar este procedimiento.

Pollo a la campesina a la cazuela

Las instrucciones de esta receta son para prepararla en una olla de cocción lenta, aunque también puedes emplear una tradicional.

Ingredientes para un mínimo de 6 raciones
- un pollo de unos 2 a 5 kg, sin grasa
- ¼ de taza de harina sin blanquear
- 1 cucharadita de aceite de canola
- 1 taza de zumo de tomate, salsa de tomate o salsa marinara envasada
- 3 dientes de ajo picados (omítelo si te causa problemas)
- 4 zanahorias troceadas
- 3 patatas grandes cortadas en cuartos
- 1 cebolla grande, picada (omítela si te causa problemas)

- 1 taza de apio troceado
- 1 cucharadita de sal
- 1 ½ cucharadita de orégano seco
- ¼ de cucharadita de pimienta molida

1. Coloca el pollo en una bandeja o en papel sulfurizado y enharínalo.
2. Calienta el aceite en una cacerola a fuego medio. Añade el pollo y dóralo bien.
3. Si usas una olla de cocción lenta, pon el pollo y el resto de ingredientes. Deja que cueza a temperatura alta durante 3 o 4 horas (dependiendo del tamaño del pollo), o a temperatura baja durante 7 u 8 horas. Si no usas este tipo de ollas, añade el resto de ingredientes y deja que hierva. Baja el fuego, tapa la cacerola y déjala en el fuego durante 2 o 4 horas (dependiendo del tamaño del pollo), o hasta que, con la ayuda de un tenedor, compruebes que la carne está tierna.
4. Pasa la carne a una bandeja. Por tandas, ve colocando las verduras y la salsa del guiso en una batidora de vaso y tritura todo a la máxima potencia. Vuelve a ponerlo en la cacerola o en una fuente de servir. Trocea el pollo y sírvelo con la salsa de verduras.

Datos nutricionales por ración: 405 calorías, 37 g de proteínas, 39,5 g de hidratos de carbono, 13 g de grasas (de ellas, 5 g saturadas), 90 mg de colesterol, 5 g de fibra, 606 mg de sodio. Calorías procedentes de las grasas: 29 %.

Nota: la receta estándar contiene más de 600 calorías y 38 g de grasa por ración.

Pollo con naranja y arándanos

Esta receta es excelente acompañada de arroz integral.

Ingredientes para 6 raciones:
- 1 cucharada de margarina baja en grasa
- ⅓ de taza de mermelada de naranja baja en azúcar
- ½ taza de arándanos deshidratados
- ¼ de taza de azúcar moreno
- 1 cucharada de vinagre de arroz
- 1 cucharadita de jengibre troceado
- ½ cucharadita de canela en polvo
- 1 cucharada de caldo de pollo bajo en sal (si utilizas una pastilla de caldo, prepáralo el doble de concentrado con 1 taza de agua caliente por cada 2 cucharaditas de concentrado de pollo en polvo).
- 6 pechugas de pollo sin hueso y sin piel y cortadas en 3 trozos cada una.

1. Pon todos los ingredientes (a excepción del pollo) en la olla de cocción lenta y remueve bien con una cuchara.
2. Añade ahora el pollo, tapa la olla y deja que cueza a potencia máxima durante 3 horas, o a potencia mínima durante unas 6 horas, hasta que el pollo esté bien cocido.
3. Sirve el pollo con salsa de arándanos y naranja.

Datos nutricionales por ración: 253 calorías, 28 g de proteínas, 25 g de hidratos de carbono, 4,4 g de grasa (de ellas, 1,1 g grasas saturadas), 73 mg de colesterol, 1g de fibra, 210 mg de sodio. Calorías procedentes de las grasas: 16 %.

Cerdo asado con especias y manzanas

Este plato marida muy bien con boniatos cocidos o ñames. La carne que sobre se puede aprovechar para hacer sándwiches al día siguiente.

Ingredientes para 6 raciones:
- 2 cucharaditas de romero fresco bien majado
- 2 cucharaditas de tomillo fresco bien majado
- 1 cucharadita de mejorana fresca (puedes sustituirla por salvia seca)
- ½ cucharadita de sal
- ½ cucharadita de pimienta blanca o negra
- filetes de lomo de cerdo asado (500-1.000 g)
- 1 taza de sidra de manzana con especias
- 2 manzanas Fuji o Granny Smith, sin corazón y cortadas en láminas de medio centímetro
- 1 cebolla roja grande cortada del mismo modo que las manzanas
- ¼ de taza de azúcar moreno
- ½ cucharadita de canela en polvo
- 2 cucharadas de mantequilla de arce (puedes usar también sirope de arce)
- 2 cucharadas de harina rápida Wondra

1. En un cuenco pequeño, mezcla el romero, el tomillo, la mejorana, la sal y la pimienta. Frota bien la parte externa del cerdo con esta preparación de hierbas y pon la carne en la olla de cocción lenta. Vierte la sidra sobre la carne, cúbrela con las manzanas y luego, encima, coloca las cebollas troceadas. Espolvorea todo con azúcar y canela.

2. Tapa la olla y ponla en marcha a potencia baja durante 4 o 5 horas (si pinchas en la carne un termómetro debe marcar unos 80 °C). Cuando la carne esté cocida, pásala a una fuente de servir.

3. Pon la olla a la máxima potencia. Pon la mantequilla de sirope en un cuenco apto para el microondas y caliéntala durante unos 5 segundos, hasta que se ablande. Incorpora la harina Wondra (si es necesario, añádele un poco de caldo de la olla) y vierte la pasta resultante en la mezcla de manzana, cebolla y sidra en la olla de cocción lenta. Cuece durante 30 minutos, o hasta que obtengas una salsa espesa. Mientras, después de que la carne se haya enfriado un poco (unos 10 minutos), cúbrela con papel de aluminio para mantenerla caliente.

4. Sirve la carne troceada con la salsa de cebolla y manzanas y boniatos (opcional).

Datos nutricionales por ración: 365 calorías, 26 g de proteínas, 27 g de hidratos de carbono, 12 g de grasa (de ellas, 4 g grasas saturadas), 107 mg de colesterol, 2 g de fibra, 250 mg de sodio. Calorías procedentes de las grasas: 30 %.

Pastel de pastor en olla de cocción lenta

Ingredientes para 4 raciones
- 6 tazas de patatas cocidas y peladas cortadas en cuartos (si son grandes, corta cada una en 6 u 8 trozos)
- 2 cucharadas de manteca o de margarina baja en grasa
- 6 cucharadas de leche semidesnatada o desnatada
- sal y pimienta al gusto

- 2 tazas de carme magra del tipo que desees (pavo, ternera, etcétera), cortada en trozos pequeños
- 2 ¼ tazas de una variedad de verduras congeladas (judías verdes, zanahorias mini, etcétera) ligeramente cocidas o descongeladas
- 300 ml de sopa de apio concentrada (con 4,5 g de grasa por ración)
- ⅓ de taza de crema agria desnatada
- 4 cebolletas, también la parte del tallo, troceadas
- ¾ de taza de queso cheddar bajo en grasa (opcional)

1. Pon las patatas cocidas y aún calientes en el vaso de la batidora y añade la manteca y la leche y bate todo bien hasta que adquiera la textura deseada.
2. Salpimienta al gusto. Engrasa el interior de la olla de cocción lenta con aceite de canola en espray y pon en el fondo las patatas en puré. Echa encima las verduras.
3. Incorpora la sopa de crema de apio y mézclala bien con la crema agria y las cebolletas. Vierte la preparación sobre las verduras de la olla y, si lo deseas, salpimienta. Tapa la olla y llévala a ebullición a potencia alta durante 2 horas, o a potencia baja durante 4 horas. Si deseas agregar queso, espolvoréalo por encima y deja que cueza a potencia alta hasta que se derrita bien (unos 20 o 30 minutos más).

Datos nutricionales por ración: 367 calorías, 29 g de proteínas, 46 g de hidratos de carbono, 6,8 g de grasas (de ellas, 1,1 g de grasas saturadas), 61 mg de colesterol, 6 g de fibra, 487 mg de sodio. Calorías procedentes de las grasas: 17 %.

Pechugas de pollo en olla de cocción lenta

Ingredientes para 6 raciones
- 6 pechugas de pollo sin piel y deshuesadas (puedes utilizar también chuletas de cerdo deshuesadas y desgrasadas)
- ½ taza de harina
- 1 ½ cucharadita de sal de ajo
- 1 cucharadita de mostaza en polvo
- 1 cucharada de aceite de canola
- 6 zanahorias cortadas en rodajas de 0,5 cm
- 1 lata de 300 ml de sopa Campbell de pollo y arroz
- 4 ½ tazas de arroz integral cocido

1. Engrasa el fondo de la olla de cocción lenta con aceite de canola en espray.
2. Mezcla la harina, la sal de ajo y la mostaza seca en un cuenco de tamaño mediano. Reboza el pollo (o las chuletas de cerdo) en la preparación de harina.
3. Vierte aceite en una sartén o cacerola antiadherente. A potencia media, dora las pechugas de pollo (o las chuletas) por ambos lados; colócalas en la olla de cocción lenta y cúbrelas con las zanahorias troceadas. Añade la sopa.
4. Tapa la olla y guisa la carne durante unas 8 horas a baja potencia.
5. Sirve cada pechuga (o costilla) sobre una base de arroz cocido. Con una espátula, saca las zanahorias y colócalas junto a la carne. Vierte un poco de salsa por encima de la carne.

Datos nutricionales por ración: 444 calorías, 35 g de proteína, 61,5 g de hidratos de carbono, 5 g de grasas (de ellas, 1 g de grasas saturadas), 71 mg de colesterol, 5 g de fibra, 706 mg de sodio. Calorías procedentes de las grasas 11 %.

Capítulo 6

De compras en el supermercado

Cada vez que vas de compras al supermercado, te sientes intimidado por los cientos de anuncios de los alimentos: «sin grasas», «sin colesterol»; «con multicereales»; «horneado, no frito»; todos pensados para atraer tu atención. Recuerda: todas las empresas intentan venderte algo, todas quieren conseguir el trozo del pastel de la venta de productos alimentarios. De modo que no te dejes engañar: busca tú mismo lo que más te convenga y *lee la etiqueta con los datos nutricionales.*

Hay panes que se anuncian como «multicereales» o «con 7 cereales», pero en los datos nutricionales puedes comprobar que apenas tienen un mísero gramo de fibra por ración. Lo mismo sucede con los *crakers* (galletas saladas) de «trigo completo» o de «multicereales».

Generalmente, cuanto más sabes de un alimento, más ventajas obtienes de él. ¿Qué puedes buscar en la etiqueta de un alimento? Empieza con la medida de la ración. Recuerda que lo que el fabricante dice que es una ración y lo que tú crees que es pueden ser dos cosas muy diferentes. Hay productos de la misma categoría que ostentan diferentes pesos por ración. Hay panes, por ejemplo, con datos nutricionales a partir de una rebanada, y otros contemplan dos. Algunas latas de alubias aportan una información nutricional para media lata, y otras, para una lata entera. El volumen de una ración de cereales puede oscilar de media taza a una taza y cuarto.

Una vez que ya dominas esto, lo mejor es extraer la información básica del producto:

- Calorías.
- Gramos de grasa.
- Gramos de grasas saturadas.
- Gramos de fibra.

De esto trata este capítulo. Vamos a dar un paseo virtual por un supermercado observando las calorías, los gramos de grasa y el contenido en fibra, entre otras cosas, de diferentes alimentos, para que puedas cumplir bien con los «Diez pasos hacia la libertad». Lo haremos examinando los contenidos en fibra de panes y cereales y buscando el mejor sabor de los productos disponibles bajos en grasas. ¿Estás preparado? Comencemos.

Hay que buscar la fibra en los sitios adecuados

¿Importa realmente saber cuáles son los cereales o los panes que contienen más fibra? Pues sí, importa. Piensa un poco: la mayoría de las personas se toman un bocadillo o un sándwich y un cuenco con cereales en su casa a diario. Si el pan que comes contiene siete gramos de fibra en vez de dos, y el cuenco de cereales que tomas tiene ocho gramos en vez de dos, día tras día, la diferencia es grande. Se trata de unos quince gramos en vez de cuatro en sólo esos dos alimentos. Empezaremos con el pan y los cereales que contienen más fibra y luego seguiremos con otros alimentos.

Panes y panecillos integrales

Hay muchos panes que pueden parecer que contienen muchísima fibra, como los panes multicereales, pero no es así. Lo importante es que leas los datos nutricionales de los panes que te gustan para comprobar cuánta fibra contienen en realidad. A veces el truco está en que hay panes que muestran los gramos de fibra de dos rebanadas, y el resto de la lista es para una rebanada.

	Fibra(g)	Calorías	Grasas(g)
Panes (rebanadas)			
Earth Grains:			
Pan 100 % trigo integral			
Country Hearth	3	110	1,5
Iron Kids	2	80	1
Mrs. Wright's:			
100 % Trigo integral	2	70	1
Pan de trigo	2	70	1
Pan Winner's Special read	2	70	1
Northwest Grain Country:			
100 % trigo integral	3	100	1,5
Early American	2	110	1

	Fibra(g)	Calorías	Grasas(g)
Oregon Bread:			
Trigo completo y avellanas	3	140	4,5
Western Hazelnut	2	130	4,5
Oroweat:			
100 % trigo integral *light*	3,5	40	0,25
Pan de pueblo *light*	3	40	0,25
Pan de pueblo de avena	2,5	40	0,25
9 cereales *light*	2,5	40	0,25
100 % trigo integral	2	90	1
Frutos secos	2	100	2
Branola (pan y granola)	2	90	1
Trigo, miel y bayas	2	90	1
Trigo de invierno	2	90	3
Roman Meal:			
Pan de cereales	2	100	2
Trigo de Dakota	2	90	1
Wonder:			
Trigo *light*	2,5	40	0,25

Bagels
(por cada *bagel*/panecillo)

	Fibra(g)	Calorías	Grasas(g)
Oroweat:			
100 % trigo integral	9	240	1,5
Frutos secos	5	270	4,5
Avena	4	270	4
Multicereales	4	260	1,5
Sara Lee*:*			
Trigo y miel	4	250	1

Cereales ricos en fibra

Si tomas cereales de desayuno varias veces a la semana, puedes ingerir aproximadamente unos 156 cuencos de cereales al año. Por tanto, elegir un cereal integral puede representar una gran diferencia en la cantidad de fibra que tomas. Lo que realmente distingue a un cereal de otro no es su contenido en grasa ni en sodio, sino en azúcar y fibra.

Los cereales que contienen mucho azúcar suelen ser también los que tienen mucha menos fibra. La lista que sigue a continuación contempla sólo los cereales que tienen cinco gramos o más de fibra por ración. Observa que cereales como Cheerios o Whole Grain Wheaties no cumplen ese requisito.

	Fibra(g)	Calorías	Grasas(g)
All-bran extra en fibra ½ taza	13	1	50
Fiber One, ½ taza	13	1	60
All-Bran original ½ taza	10	1	80
100 % Bran (salvado) ⅓ de taza	8	0,5	80
Salvado y pasas Kellog's 1 taza	8	1,5	200
Salvado integral y pasas 1 taza	8	1	190
Shredded Wheat'n Bran, 1 ¼ tazas	8	1	200
Mini-Wheats 1 taza	6	1	200
Avena crujiente ¾ de taza	6	7	190
Trigo y pasas 1 ¼ taza	5	1	210
Total Raisin Bran 1 taza	5	1	180
Copos de salvado ¾ de taza	5	0,5	100
Copos trigo completos ¾ de taza	5	0,5	90
Maíz y salvado ¾ de taza	5	1	90
Spoon Size Shredded Wheat 1 taza	5	0,5	170

	Fibra(g)	Calorías	Grasas(g)
Mini-Wheats Raisin ¾ taza	5	1	180
Frosted Shredded Wheat 1 taza 5	1	1	90
100 % Whole Grain Wheat Chex 1 taza	5	1,5	180
Fruta & Fibra 1 taza	5	3	210
Grape Nuts ½ taza	5	1	210
Trigo, nueces y pasas ¾ taza	5	4	200

Legumbres: cuando un poco es mucho

Es posible pensar que resulta muy difícil tomar una ración de alguna legumbre. Es posible que hayas experimentado algunos de los síntomas del SCI tras tomarte un gran cuenco de alubias con chili. Pero de quién era la culpa ¿de las alubias, del chili, de la carne grasienta del plato o de las especias? ¿O quizás se debiera al hecho de haberte tomado un gran cuenco en vez de uno pequeño?

Las legumbres son una excelente manera de incrementar la ingesta de fibra. Sólo con medio cuenco ya tomas unos seis gramos de fibra. Y aún es más: las legumbres contienen ambos tipos de fibra: soluble e insoluble. Intenta tomar una ración pequeña, preferiblemente un plato sin mucha grasa ni demasiado especiado, y así podrás comprobar cómo te sienta. Un burrito de alubias, ya sea comprado o casero, puede ser una buena elección para hacer la prueba (elige unas judías pintas bajas en grasa o alubias fritas con una tortilla de harina, un poco de queso y una salsa suave).

	Fibra (g)	Cal.	Grasas (g)	Sodio (mg)
Taco Bell vegetariano	8	140	2,5	500
Alubias fritas Ortega	9	130	2,5	570
Alubias fritas Ortega sin grasa	9	120	0	570
Alubias Rosarita bajas en grasa				
Alubias fritas	5	90	0,5	460
Rosarita vegetarianas	6	100	2	500
Alubias B & M Original	6	170	2	380
Alubias con chili S & W	6	110	1	580
Alubias Santa Fe S &W	6	90	0,5	680

¿Adviertes lo que se quiere decir sobre la fibra?

Tortillas integrales de trigo

Muchos echaréis un vistazo al paquete de las tortillas integrales y partiréis en busca de las tortillas tradicionales de trigo. Para que te gusten te tiene que agradar el trigo integral y estar muy motivado para comer fibra. A mí no me importa tomar tortillas de trigo integral si el relleno es muy sabroso, y, además, con sólo una tortilla puedes tomarte la friolera de nueve gramos de fibra.

Platos congelados: algunas sorpresas ricas en fibra

	Calorías	Grasa (%*) (g)	Fibra (g)	Grasas sat. (g)	Sodio (mg)
Pizzas congeladas					
Wolfgang Puck					
champi. y espinacas	270	8 (27%)	5	3	380
Wolfgang Puck					
Cuatro quesos					
½ pizza	360	15 (37%)	5	6	530
Healthy Choice					
Enchiladas de					
pollo Suiza	280	6 (19%)	5	3	440
Gambas y verduras	270	6 (20%)	6	3	580
Pescado y hierbas	340	7 (19%)	5	1,5	480
Tradicional de					
pechuga de pavo	290	4,5 (14%)	5	2	460
Enchilada de pollo					
Suprema	300	7 (21%)	4	3	560
Lean Cuisine					
Pollo con salsa de					
cacahuete	290	6 (19%)	4	1,5	590
Pescado al horno					
con queso cheddar	270	6 (20%)	4	2	540
Pollo Fiesta	270	5 (17%)	4	0,5	590
3 alubias con chili	50	6 (22%)	9	2	590
Marie Calender's					
Chili y pan de maíz	540	21 (35%)	7	9	2.110

_____

* Porcentaje de calorías procedentes de la grasa.

	Calorías	Grasa (%*) (g)	Fibra (g)	Grasas sat. (g)	Sodio (mg)
Pollo agridulce	570	15 (24 %)	7	2,5	700
Ternera con salsa de champ.	430	17 (36 %)	6	7	1.620
Pavo con salsa y guarnición	500	19 (34%)	4	9	2.040
Espaguetis y salsa de carne	670	25 (34 %)	9	11	1.160
Pasta rellena Trio	640	18 (25 %)	5	9	950
Swanson					
Combinación estilo mexicano	470	18 (34 %)	5	6	1.610
Pollo parmesana	370	17 (41 %)	4	5	1.010
Pavo Dinner	310	8,5 (25 %)	5	2	890

Los platos congelados pueden ser muy socorridos a veces, ya sea para hacer una comida rápida o durante la semana para solucionar una cena, tanto si vives solo como con otra persona. El problema de los platos congelados es que los que son más bajos en grasas son casi siempre demasiado bajos en calorías, hidratos de carbono y verduras. De modo que para que un plato sea más nutritivo y saciante, contempla la idea de añadirle frutas y verduras. También puedes agregar un poco de arroz integral, espaguetis integrales o incluso queso rallado.

En esta última tabla he incluido datos nutricionales de algunos platos congelados bajos en grasa que aportan cua-

---

* Porcentaje de calorías procedentes de la grasa.

tro o más gramos de fibra. Si necesitas controlar tu ingesta de sodio, echa un vistazo a las etiquetas de los alimentos, pues hay platos congelados que contienen muchísima sal.

Menos grasa en algunos de nuestros platos favoritos

En este capítulo no he incluido un par de marcas en las listas porque han suspendido un examen previo que he realizado. Si mis colaboradores opinaban que algunos platos no sabían bien, los eliminaban. Y también hay ciertos alimentos bajos en grasa, como el queso, la mayonesa, la margarina y los helados que no están bien conseguidos. Sin embargo, hay una marca de crema agria que ha batido los récords entre los alimentos bajos en grasa sabrosos (*Naturally Yours*). En cuanto a pasteles y galletas, muy pocos consiguen un aprobado general, como el caso de las barritas de higos o el bizcocho de ángel, pero personalmente prefiero las galletas o los pasteles bajos en grasa.

Bajos en grasa pero repletos de calorías

Cuando empiezas a tomar alimentos bajos en grasa, hay que tener mucho cuidado de no tomar más cantidad de la que normalmente tomarías. Bajo en grasa no significa bajo en calorías, y tampoco que te puedas tomar todo el paquete de una vez. De hecho, muchos de esos productos bajos en grasa tienen tantas calorías como las versiones completas. ¿Por qué sucede eso? Se explica con una sola palabra: azúcar.

El azúcar, ya sea el de la miel, del sirope de maíz, el azúcar integral, o el sirope de maíz rico en fructosa aporta humedad y esponjosidad a los productos de bollería. Cuando se le añade a los helados, por ejemplo, aporta sabor y consistencia. Así que no me sorprende que los fabricantes recurran al azúcar a la hora de elaborar productos sin grasas o semidesnatados. Ten presente que la mayoría de los productos *light* de los supermercados tienen el mismo número de calorías que esos mismos productos completos (como mucho, nos podemos ahorrar unas 20 calorías por ración).

Sin grasas significa a veces sin sabor

Si tales productos no nos satisfacen, probablemente seguiremos probando y probando con la esperanza de que al menos nos satisfagan un poco, ¡después de todo no contienen grasa! ¿Qué podemos hacer? *Elegir tan sólo aquellos alimentos que realmente nos gusten*, y que nos satisfagan lo suficiente como para tomarlos en porciones modestas, de otro modo no vale la pena molestarse.

A mí, por ejemplo, me encanta un queso cheddar *light*, que sabe de verdad a queso, y a mi familia le gusta tanto el beicon de pavo que no echamos de menos el de cerdo. Es decir, podemos elegir los alimentos *light* que realmente nos gusten y satisfagan. Y es que hay empresas que han conseguido hacer unos buenos productos.

En mi opinión, hay ciertos alimentos que no están pensados para ser *light* o sin grasa. Si a un alimento que es graso por antonomasia le quitas toda la grasa, ¿qué queda? Pues algo que no es mayonesa, ni queso, ni helado, ni mantequilla. No tendremos una mantequilla sin grasa, tendremos una especie de pegote amarillo.

Pero hay muchos alimentos sin grasa, azúcar o *light* que han triunfado conservando un óptimo nivel de grasa; son aquellos que han resistido una modesta reducción de grasa sin perder apenas sabor.

Productos cárnicos bajos en grasa

Me encanta el beicon, tengo que reconocerlo, pero me gusta bastante el beicon de pavo Louis Rich. De vez en cuando hago sándwiches para mí y mi familia con beicon de pavo, lechuga y tomate. Y a veces solemos hacer frankfurts a la plancha de esa marca o de Ball Park Lite. Los desayunos Boca sin carne contienen dos gramos de fibra por ración y son los mejores que conozco en cuanto a sabor (debo decir que descarto el resto).

	Cal.	Grasas (g) (G. sat.)	Colest. (mg)	Sodio (mg)
Beicon				
(por cada ración de 30 g)				
Beicon de pavo, Louis Rich				
2 lonchas	70	5(2)	30	360
Beicon Campfire estilo canadiense				
2 lonchas	25	0,75(,25)	10	375
Perritos calientes (por unidad)				
Louis Rich	80	6(2)	40	510
Ball Park Light	100	7(2,5)	25	540

	Cal.	Grasas (g) (G. sat.)	Colest. (mg)	Sodio (mg)
Ball Park sin grasas				
ahumado	40	0(0)	15	530
Pavo Hebreo sin grasas	120	10(4,5)	25	360
Salami/pepperoni (30 g)				
Salami Gallo Light	60	4(1,5)	25	520
Pavo Hormel Pepperoni	80	4(1,5)	40	550
Salchichas (60 g)				
Boca:				
Salchichas 2	280	3(0)	0	350
Healthy Choice:				
Salchicha ahumada	80	2,5(1)	25	480
Polaca Kielbasa	80	2,5(1)	25	480
Hillshire Farm:				
Pavo Polaco Kielbasa	90	5(2,5)	30	560
Jimmy Dean:				
50 % - grasa, 75 g	170	13(4,5)	50	450
Louis Rich:				
Salchicha ahumada				
de pavo	90	6(1,5)	35	850
Salchicha polaca				
Kielbasa	90	6(1,5)	35	850
The Turkey Store:				
Pavo ligero para desayuno				
Salchichas	140	11(3)	45	360

Productos lácteos bajos en grasa

¿Desnatados o semidesnatados? He probado estos productos, por ejemplo en mi café y en una *quiche* que preparé. ¿Qué contienen? Pues básicamente los elaboran con leche desnatada y una pequeñísima porción de leche entera, los endulzan con sirope de maíz y agregan un espesante (carragenina, una fibra procedente de la celulosa de varias plantas que se mezcla bien en el agua).

Cuando ves una crema agria desnatada, probablemente piensas, ¿para qué preocuparse? Pero hay una marca de crema desnatada que destaca por su sabor entre todas las cremas bajas en grasa (o *light*). Con ella se elaboran unas salsas estupendas, y yo la uso para sustituir las grasas de los *brownies*, los pasteles y las magdalenas. Incluso la extiendo encima de las patatas al horno. Es de la marca Naturally Yours.

	Calorías	Grasas (g)	Grasas sat. (g)
Crema (2 cucharadas)			
Land O'Lakes			
Desnatada/semid.	20	0	0
Carnat. Coffee-Mate desnatada	20	0	0
Carnation Coffee-Mate/			
desnatada francesa	50	0	0
International Delight Nondairy			
Crema fresca de vanilla	60	0	0
Crema agria (2 cucharadas)			
Crema agria desnatada			
Naturally Yours	20	0	0
Knudsen Light	40	2,5	1,5

Postres helados

No he nombrado helados sin azúcar porque en realidad suelen contener edulcorantes artificiales, que pueden causar problemas intestinales. También he obviado los helados desnatados porque, francamente, su sabor deja mucho que desear.

	Calorías	Grasas (g) saturadas	Azúcar (g)	Colesterol mg
Barritas Starbucks (1 barrita)				
Frappuccino	120	2(1)	18	10
Ben & Jerry's Lowfat Frozen Yogurt (½ taza)				
Cherry Garcia	170	3(2)	27	20
Brownie Choc./caramelo	190	2,5(1)	5	30
S'mores	190	2(1)	15	26
Helado Light Dreyer's (½ taza)				
Manteq. Cacahuete	130	5(2,5)	13	20
Vanilla	100	3(2)	11	20
Chips de choc. menta	120	4(3)	13	20
Mousse de Chocolate	110	3(2)	13	20
Cookies con crema	120	4(2)	12	20
Cookie Dough	130	5(2,5)	13	20
Mousse de café Crunch	120	4(2,5)	13	20
Sorbete (½ taza)				
Ben & Jerry's				
Fruta Pasión desnatada	120	0(0)	30	0
Frambuesa Haagen Dazs	120	0(0)	26	0
Limón Haagen-Dazs	120	0(0)	28	0
Sherbet (½ taza)				
Dreyer's Tropical Rainbow	130	1(0,5)	24	5

Quesos bajos en grasa

A mí me encanta el queso. Me apellido *queso* de tercero. Nunca me ha gustado la leche como bebida, de modo que probablemente la mayor parte del calcio de mis huesos provenga del queso.

Me complace especialmente anunciar que hay algunos quesos bajos en grasa que son extraordinarios. Algunos son más difíciles de encontrar que otros, como el que es mi favorito: Cracker Barrel Light Sharp Cheddar. He probado la mayoría de los quesos bajos en grasa que cito y me han gustado mucho todos, ya sea como relleno en mis lasañas o por encima de mis tortillas.

	Calorías	Grasas (g)	Grasas sat. (g)
Quesos bajos en grasa **(Por cada 30 g, a menos** **que se indique otra cantidad)**			
Precious Low Moistture Mozzarella semi	80	5	3
Kraft 2 % Leche bajo en grasa individuales (Loncha de 20 g)	45	3	2
Kraft 2 % Leche Cheddar bajo en grasa	90	6	4
Kraft 2 % Leche nahjo en grasa Monterey Jack	80	6	4
Sargento Light 4 quesos mexicano (¼ taza)	70	4,5	3
Sargento Deli Estilo suizo	80	4	2,5

	Calorías	Grasas (g)	Grasas sat. (g)
Queso crema **semidesnatado (30 g)**			
Philadelphia desnatado	30	0	0
Queso ricotta (65 ml)			
Precious semidesnatado	100	6	4

Salsas para pastas

He incluido en la lista las salsas industriales bajas en grasas que son magníficas alternativas. Deben contener aceite de oliva o de canola (grasas monoinsaturadas). Las elaboradas principalmente con tomate aportan los beneficiosos agentes fitoquímicos de ese alimento.

Siempre puedes enriquecerlas añadiéndoles una carne de ternera picada de calidad, champiñones, ajo, cebolla y especias.

	Cal.	Grasa (sat.) (g)	Fibra (g)	Sodio (mg)
Five Brothers:				
Berenjena asada y parmesano	100	3 (0,5)	3	540
Verduras de verano asadas	80	3 (0)	3	550
Champ. y ajo asados	90	3	3	550
Marinara con borgoña	90	3 (0)	3	480
Classico:				
Tomate y albahaca	50	1 (0)	2	390
Tomate y ajo asados	60	1 (0)	2	390

	Cal.	Grasa (sat.) (g)	Fibra (g)	Sodio (mg)
Sutter Home:				
Estilo italiano				
(con cebolletas y hierbas)	80	2 (0)	4	520
Barilla:				
Aceitunas verdes y negras	80	2,5 (,5)	3	1,010
Ajos y cebolla asados	80	3,5 (0)	<1	460
Champiñones y ajos	70	2 (,5)	3	610
Tomate y albahaca	70	1,5 (,5)	3	640
Marinara	70	2 (,5)	2	430

Yogures semidesnatados

En los supermercados hay un gran número de yogures de todas las marcas y sabores. Busca aquellos que contengan los principios activos del yogur, pues esas bacterias ayudan a los pacientes con SCI.

Hay empresas que añaden edulcorantes artificiales, lo que reduce el contenido en azúcar y calorías a casi la mitad. No están mal siempre que no tengas problemas con los edulcorantes.

Fruta enlatada

Algunas personas con SCI han comprobado que suelen tolerar mejor la fruta bien madura o la enlatada que la fruta fresca. Obviamente, la fruta bien madura no se encuentra todo el año, pero la envasada, sí. Dado que hay tanta variedad de esta última, tanto en zumo como en sirope, he pensado que sería mejor hacer una lista de ellas.

	Calorías	Fibra (g)
Del Monte:		
Albaricoques aromatizados con almendras y sirope *light*	90	1
Albaricoques *light*	60	1
Fruta troceada *light*	60	1
Peras con sabor a canela	80	1
Melocotones con sabor a frambuesa	80	<1
Dole:		
Piña troceada, en su propio jugo	60	1
Geisha:		
Mandarinas en sirope *light*	70	1
S&W:		
Albaricoques (sabor a almendras) con sirope *light*	90	1
Melocotón tropical con sirope *light*	80	0
Melocotones Sweet Memory con sirope *light*	80	<1
Cóctel de frutas tipo natural con zumo de fruta ligero	80	2
Peras laminadas al natural	80	2
Melocotones laminados al natural	80	1

Pysllium y otros suplementos de fibra similares

El *psyllium*, o plantago, es una especie herbácea que crece de manera natural y que es muy buena en cuanto a absorción y capacidad para retener la humedad. En los intesti-

183

nos, el *psyllium* crece literalmente, y al hacerlo, contribuye a que las heces aumenten de volumen y sean más fáciles de eliminar. Hay quien tiene una fe ciega en él y otros que dicen que tiene poco efecto.

La Agencia Estadounidense del Medicamento y la Alimentación ha confirmado recientemente que las dietas con fibra soluble proveniente de la cáscara del *psyllium* reducen el riesgo de padecer enfermedades cardiovasculares al reducir el nivel de colesterol cuando dichas dietas son, además, bajas en grasas. Es fácil encontrarla en el departamento de dietética del supermercado, mientras que en las farmacias es probable hallarla con otros productos gastrointestinales. Sólo hay tener en cuenta lo siguiente:

- ¿Qué marca comprar?
- ¿Con sabores y edulcorantes artificiales o sin ellos?
- Si es con sabor, ¿de naranja o de menta?
- ¿De textura blanda o normal?

Aquí tienes un poco más de información para que puedas elegir mejor.

Advertencias

Muchos de estos suplementos advierten: «Tomar este producto sin suficiente líquido puede hacer que se hinche y bloquee el esófago y produzca asfixia. Evitar tomarlo si se tienen dificultades para tragar. Si se experimentan dolores, vómitos, dificultad para tragar o respirar después de tomar este producto, debe buscarse asistencia médica de inmediato». Ten en cuenta que cada suplemento es diferente y que antes de tomar cualquiera de ellos deben leerse con atención las instrucciones.

Metamucil

El metamucil blando está finamente molido y tiene una textura más blanda que la del metamucil clásico. Ambas presentaciones contienen la misma cantidad de *psyllium* y son igual de eficaces. Puede tomarse cada día como un suplemento de la dieta de fibra.

Si se toma en polvo, una cucharadita colmada contiene: 3,4 g de fibra de *psyllium* (plantago), <5 mg de sodio y 9 calorías.

Per diem

Asegúrate de comprar el producto que no contenga sustancias químicas, ya que la empresa que lo comercializa lo fabrica también con laxante. Yo probé el de sabor a menta, y no está nada mal. No lo mezcles con agua como harías con cualquiera de otros productos similares. Este tratamiento de fibra suele hacer efecto al cabo de unas 12 horas (aunque para sentir un alivio total se suele necesitar de 48 a 72 horas).

Una cucharadita de té colmada contiene: 4 g de *psyllium*, 36 mg de potasio, 1,8 mg de sodio y 4 calorías.

Citrucel (metilcelulosa)

«Este producto no suele causar hinchazón», afirma Walter Coyle, médico y director del programa de gastroenterología de Scripps Clinic. En cambio, el *psyllium* y otras fibras de los alimentos pueden ser descompuestas por las bacterias y producir en ocasiones gases y distensión abdominal.

Capítulo 7

Normas para comer en los restaurantes

Para muchas personas con SCI, entre las que me incluyo, comer fuera puede significar una condena intestinal. En parte puede deberse a que cuando comemos fuera de casa, solemos tomar alimentos con más grasa, en parte a que comemos más, y en parte a que cuando nos gratificamos con una salida extra, elegimos unos platos que, por lo general no probamos. Cualquiera de estas cosas puede anunciar el desastre.

Pero si seguimos estos pequeños consejos, podemos sentirnos más cómodos antes y después de comer fuera de casa.

1. Asegúrate de comer en cantidades moderadas (sé prudente a la hora de pedir los platos, relájate y come despacio, y recuerda que uno siempre puede llevarse las sobras a casa).
2. Elige platos que no sean demasiado grasos.
3. Cíñete a aquellos alimentos que sabes que te sientan bien.

El desayuno

- En el restaurante, pide que te hagan la tortilla con sustitutivo de huevo o un huevo mezclado con unas cuantas claras.
- Hay lugares (dependiendo del restaurante) en los que las patatas fritas cocinadas en la sartén son menos grasientas que las *hash browns* (una especie de puré de patatas fritas). También puedes pedir que te las frían con poco aceite.
- Disfruta de un desayuno de sémola de maíz o de copos de avena. La sémola de maíz no aporta nada de fibra, pero sí la avena.
- Un plato de *crêpes* de crema de leche y una o dos lonchas de beicon no tienen por qué ocasionarte demasiados problemas, siempre que no te excedas con la crema de leche. Si tienes que elegir entre dos lonchas de beicon o dos salchichas, escoge el beicon; aunque creamos que es mucho más graso, lo cierto es que las salchichas contienen aún más grasa.

Comida rápida

En general, la comida rápida tiene bastante mala reputación, y en parte merecida. Pero aun así hay algunas buenas opciones, como los sándwiches de pollo asado con pan integral, los burritos de carne magra y los *wraps* de pollo. Pero en un restaurante de comida rápida es difícil encontrar un plato de fruta o de verdura con más de un par de gramos de fibra.

Salchichas de pollo a la plancha

En los restaurantes de comida rápida he encontrado salchichas de pollo sin piel y bastante sabrosas, pero hay que ver cómo las sirven. Algunas van acompañadas de panecillos de multicereales, otras con un poco de lechuga y tomate, otras aderezadas con salsa barbacoa, y otras con salsa de mostaza y miel o incluso mayonesa.

- El plato de MacDonald's Grilled Chicken Deluxe contiene 20 g de grasa, 440 calorías y 4 g de fibra, pero si le quitas la mayonesa, las grasas bajan a 5 g (y las calorías a 300).
- El sándwich de pollo de Wendy's, que va acompañado de salsa de mostaza baja en calorías, contiene 8 g de grasa, 310 calorías y 2 g de fibra.

Sándwiches de pescado

La buena noticia es que las cadenas de comida rápida tienen opciones de pescado, y la mala es que se sirve frito. Pero si tomas un sándwich de pescado sin salsa tártara (o al menos quitando la mayor parte y dejando sólo la que humedece el panecillo), te encontrarás con la sorpresa de que en cuanto a gramos de grasa puede competir con la que contiene una hamburguesa pequeña.

- El sándwich de pescado de McDonald's (Burguer King Fish) sin salsa tártara contiene 14 g de grasa, 460 calorías y 3 g de fibra.

- El filete de pescado de McDonald's (Filet –O–Fish) no es tan grande como el anterior, y sin salsa tártara contiene 12 g de grasa, 398 calorías y 2 g de fibra.

Patatas asadas

La cadena Wendy's ofrece dos tipos de patatas asadas. Sacian bastante y contienen como mínimo 8 g de fibra.

- La patata con crema agria y cebollino contiene 6 g de grasa, 380 calorías y 8 g de fibra.
- La patata con queso y brócoli contiene 14 g de grasa, 470 calorías y 9 g de fibra. Sin embargo, el 30 % de las calorías provienen de las grasas.

Hamburguesas

Cuando pidas una hamburguesa, asegúrate de que no pese más de 110 o 115 g, y no elijas opciones ricas en grasa como beicon, queso y mayonesa. Escoge en su lugar cosas como mostaza, kétchup, salsa barbacoa, lechuga, cebolla, tomate y guindilla (si la toleras). Las hamburguesas pequeñas de las cadenas de comida rápida (las del menú infantil) son las que más te convienen por un par de razones: tienen menos carne y, por lo general, no contienen mayonesa u otras salsas elaboradas con cremas, algo que suelen tener las hamburguesas grandes, las de «luxe». Aquí tienes dos ejemplos:

- La hamburguesa de McDonald's contiene 9 g de grasa, 250 calorías, 2 g de fibra y 3,5 g de grasas saturadas; la hamburguesa de queso tiene 12 g de grasa, 300 calorías, 2 g de fibra y 6 g de grasas saturadas.
- La hamburguesa infantil de Wendy's contiene 8 g de grasa, 220 calorías, 1 g de fibra y 3 g de grasas saturadas; la de queso suma 11 g de grasa, 260 calorías, 1 g de fibra y 5 g de grasas saturadas.

Ensaladas

Sé que pedir una ensalada en un restaurante de comida rápida es casi un sacrilegio, pero algunas ensaladas aportan unos cuantos gramos de fibra y de nutrientes, a la vez que representan una alternativa saludable a los platos fritos de estas cadenas (siempre que utilices aliños *light*). De modo que si te gustan las ensaladas y no te producen síntomas de SCI (quienes sufren estreñimiento vinculado al SCI incluso se beneficiarán de tomar lechuga), ten en cuenta lo siguiente:

Ensalada de pollo asado de Chick-fil-A
    180 calorías (260 con dos cucharadas de vinagreta de frambuesa baja en grasa)
    6 g de grasa (8 g con vinagreta de frambuesa)
    3 g de grasas saturadas
    65 mg de colesterol
    620 mg de sodio (810 g con vinagreta de frambuesa)
    3 g de fibra
    9 g de hidratos de carbono (24 g con vinagreta de frambuesa)
    22 g de proteínas

Pollo estilo ranchero de Taco Bell Fresco (sin aderezo)

350 calorías

8 g de grasa

1,5 g de grasas saturadas

25 mg de colesterol

1.600 mg de sodio

10 g de fibra

51 g de hidratos de carbono

19 g de proteínas

Ensalada de pollo asado de McDonald's (incluye glaseado de lima y cilantro y verduras estilo asiático con alubias)

320 calorías

9 g de grasa

3 g de grasas saturadas

70 mg de colesterol

970 mg de sodio

7 g de fibra

30 g de hidratos de carbono

30 g de proteínas

Ensalada Martha's Vineyard de Arby's (sin aderezo; incluye pollo asado, manzanas, tomates cereza, queso cheddar, arándanos y lechuga)

277 calorías

8 g de grasa

4 g de grasas saturadas

72 mg de colesterol

451 mg de sodio

4 g de fibra

24 g de hidratos de carbono

26 g de proteínas

Ensalada de pollo a la brasa de Carl's Jr. (con aderezo bajo en grasa)

295 calorías

8,5 g de grasa

3,5 g de grasas saturadas

75 mg de colesterol

1.190 mg de sodio

5 g de fibra

21 g de hidratos de carbono

34 g de proteínas

Ensalada Santa Fe con pollo a la parilla de Arby's (sin aderezo; incluye tomates cereza, cebolla roja, maíz, frijoles negros, queso cheddar y lechuga)

283 calorías

9 g de grasa

4 g de grasas saturadas

72 mg de colesterol

521 mg de sodio

6 g de fibra

21 g de hidratos de carbono

29 g de proteínas

Ensalada asiática McDonald's con pollo asado (incluye mandarinas, almendras, vainas de soja, guisantes y pimiento rojo)

300 calorías

10 g de grasa

1 g de grasas saturadas

65 mg de colesterol

890 mg de sodio

5 g de fibra

23 g de hidratos de carbono

32 g de proteínas

Taco Bell y otros restaurantes mexicanos

Si bien la información nutricional que se menciona a continuación es específica de la cadena Taco Bell, los consejos son válidos para otros restaurantes mexicanos de comida rápida.

Tacos blandos

Los tacos blandos se preparan con una tortilla blanda, sin freír, en vez de con una tortilla crujiente (frita). Estés donde estés, un taco blando contiene generalmente menos grasa que un taco crujiente. Éstos son los tacos blandos de Taco Bell más bajos en grasa:

- Taco blando con carne asada, que contiene 200 calorías, 7 g de grasas totales, 2,5 g de grasas saturadas y 2 g de fibra.
- Taco blando de pollo asado, con 200 calorías, 7 g de grasas totales, 2,5 g de grasas saturadas y 2 g de fibra.

Burritos

Los burritos típicos se elaboran con tortillas grandes de harina y no se fríen (aunque sí lo hacen en algunos restaurantes). Según el relleno que elijas, pueden tener el doble de grasas y una cuarta parte de la fibra que contienen los burritos más bajos en grasa, los burritos de frijoles o alubias.

- Burrito de alubias, con 370 calorías, 12 g de grasa, 3,5 g de grasas saturadas y 12 g de fibra.
- Burrito de pollo asado, con 390 calorías, 13 g de grasa, 4 g de grasas saturadas y 3 g de fibra.

Sándwiches

Los sándwiches suelen digerirse bien (dependiendo de su contenido). Pide que el pan o el rollito sea de trigo integral para que tengan más fibra. Si te preocupa sufrir distensión abdominal, evita los que lleven verduras.

- Evita la mayonesa. Pídelos con kétchup o mostaza. A veces, los italianos llevan un poco de aceite de oliva en el pan, lo que al menos les añade grasas monoinsaturadas. Si tienen que llevar mayonesa, pide que le pongan muy poca cantidad.
- Elige carnes magras; pollo, pavo o ternera asada o a la parrilla es lo mejor; jamón sin grasas también es una buena opción.
- En cuanto a los sándwiches de pollo, de gambas o de atún, los mejores son los caseros, pues en los restaurantes y bares les suelen poner cantidades generosas de mayonesa.

Pizzas

Tengo que confesar que en lo referente a las pizzas no soy imparcial. En casa solemos pedir pizza una vez por semana. Todo el mundo tiene su cadena de pizzas favorita, y algunas de ellas hacen pizzas más grasientas que otras. Por lo general, cuanto más auténticamente italiana es una pizza (la base elaborada con masa de pan y con poco queso), menos grasa contiene. Con sólo eso ya ganamos media batalla. La otra media dependerá de lo que le pongamos a la pizza. No añadas muchísimo queso y evita las carnes espaciadas y grasientas, pues de inmediato te pueden acarrear problemas. Si puede ser, pide una pizza con verduras que sepas que toleras bien, y si eres amante de la carne, opta por jamón y beicon magro.

Otra cosa importante que hay que tener en cuenta es saber retirarse a tiempo. Es fácil ir comiendo una ración tras otra hasta acabar lleno. Quédate con dos trozos grandes, y si sigues teniendo hambre, toma un poco de fruta o una ensalada verde si te sienta bien.

Los asadores

- Disfruta de un filete de pavo asado o de jamón magro acompañado de patatas nuevas, verduras al vapor y manzanas con canela; el total será de unas 595 calorías, 9 g de grasas y 2 g de grasas saturadas.
- Si optas por tomar pollo asado, quítale la piel (ahí está la mayor parte de grasa), y si no te puedes resistir, toma un bocadito crujiente y deja el resto.

- Pasa por alto las guarniciones con crema, como espinacas a la crema, y pide patatas nuevas o boniatos, calabacines, arroz pilaf, alubias con arroz, verduras al vapor o fruta fresca.
- La sopa de pollo con fideos (y la mayoría de sopas ligeras) acompañada de pan de maíz puede ser muy buena opción para una comida o una cena ligera.

Las braserías o restaurantes especializados en carne

El problema de comer en uno de estos restaurantes es que muchos de sus platos son fritos o muy ricos en grasas, y, además, las raciones son enormes. Planéalo de antemano, te sentirás mejor después de comer si buscas alimentos de los que puedas disfrutar, platos sin grasas, y asegúrate de no comer en exceso.

- En estos restaurantes, las carnes más magras suelen ser los cuartos traseros de ternera o el filete *mignon* (las carnes más grasas son las costillas, la espaldilla y el brazuelo).
- Pide siempre que puedas el menú júnior.
- Retira toda la grasa visible que sea posible.
- Toma la carne con abundante verdura, eligiendo la que puedas tolerar, o alubias. Las verduras te ayudarán a saciarte y así no tendrás la tentación de excederte con la carne. Las legumbres y las verduras aumentarán el total de gramos de fibra.
- Elige unos primeros platos que toleres bien y que sean bajos en grasa para compensar el consumo de carne.

Puede ser una sopa de tomate, unas patatas asadas (con poca mantequilla y menos crema), brócoli, alubias, arroz pilaf, pan de maíz o manzanas con canela.

Consejos para una cocina moderna

- Lo mejor que puedes pedir en la mayoría de restaurantes es el pollo asado o a la parrilla y el pescado.
- Pide que te cocinen el pollo sin piel.
- Pide las partes más magras de carne.
- Las salsas y las cremas ricas en grasa deben ser parte de la guarnición, y no llenar todo el plato. Cuando pidas pasta o un plato de carne, comenta que te sirvan como mucho la mitad de la salsa.
- Si quieres tomar un plato que esté salteado o marinado con salsa de crema o mantequilla, pide que en su lugar lo salteen con vino o con caldo.
- Pide que sustituyan las salsas de mantequilla del pollo, el pescado o la pasta por salsa marinara, o salsa de vino o marsala.

Consejos para una cocina rápida

- Solicita que el aderezo de la ensalada te lo traigan aparte, de este modo tú decides qué cantidad utilizar.
- Pide el pollo asado en vez de frito.
- Algunos de tus platos favoritos, como el pollo o el pavo asado, suelen ser los que contienen menos grasa y forman parte de casi todos los menús.

- La pechuga de pollo a la parrilla es siempre una buena opción en un restaurante.
- El pescado a la plancha es una elección magnífica para cenar, y no sólo contiene ácidos grasos omega 3, sino que además es uno de los platos que no solemos elaborar en casa.

Restaurantes chinos

Por lo general, tienes que evitar los alimentos picantes y especiados.

El ajo, el curry, los chiles y el jengibre suelen acarrear problemas. Puedes evitar el chile y el curry a la hora de pedir ciertos platos, pero es más difícil hacerlo con el jengibre y el ajo, que suelen ser omnipresentes. Si toleras un pequeña cantidad de esos alimentos, quizás lo único que tienes que hacer es no pedir platos que los contengan como ingrediente principal (como gambas al ajillo o carne con jengibre).

Otros alimentos que hay que evitar son los fritos, ya que al igual que los alimentos grasos pueden alterar los intestinos. La mayoría de personas con SCI suelen tolerar bien los rehogados, pero no sucede lo mismo con los fritos. Deduzco que cuanto más aceite se utiliza en su elaboración, mayores problemas ocasionan.

Restaurantes japoneses

Los pacientes con SCI suelen tolerar bien el arroz, y también las carnes asadas o a la parrilla, de modo que las maravillosas parrilladas de los restaurantes japoneses son probablemente una buena opción. Las sopas de fideos y la típica sopa de *miso* también lo son.

En los restaurantes japoneses, los platos con tempura son los que me ocasionan más problemas, y también son mis favoritos (es curioso que me suceda); pero si tomo sólo cuatro trozos (la mitad de una ración, aproximadamente), no tengo problemas. Y, claro está, tempura acompañada de sopa y mucho arroz. Si como los entrantes (lo cual es fácil porque son deliciosos), me quedo satisfecha.

Restaurantes italianos

Si te sientan bien los tomates, los restaurantes italianos ofrecen muchas opciones. Cualquier plato a base de carne magra o verduras y salsa marinara va bien. Si te gusta la pasta con salsa cremosa, toma raciones muy pequeñas y acompáñalas de guarniciones ligeras (y, a ser posible, ricas en fibra), como pan, sopa y verduras.

Restaurantes mediterráneos

A la gente procedente de los países mediterráneos le gusta mucho el pescado y el marisco. Las personas con SCI suelen tolerar muy bien el pescado, y éste es aún mejor si se acompaña de un poco de arroz y de la verdura de temporada.

El aceite de oliva y las aceitunas son también una parte muy destacada de la cocina mediterránea. Lo único que puede causar problemas es tomar demasiado aceite de oliva en una sola comida.

A mí me encanta ir de restaurantes, pero ¿a quién no? No obstante, cuando se padece SCI, puedes pagar caro comer fuera de casa. Sin embargo, si sigues los consejos de este capítulo puedes ahorrarte posibles problemas.

Índice analítico

Acerca de la autora

Elaine Magee está entregada con pasión a la tarea de cambiar la manera de comer de los estadounidenses, paso a paso, y receta a receta. Gracias a su columna nacional «The Recipe Doctor», que aparece publicada en numerosos periódicos y revistas, Elaine lleva más de una década difundiendo recetas adaptadas, desde el punto de vista nutricional, a diferentes patologías.

Es autora de más de 20 libros sobre nutrición y cocina sana, entre los que se encuentran *Dime qué comer si tengo diabetes, Dime qué comer si tengo reflujo ácido, Dime qué comer para prevenir el cáncer de mama* (todos ellos publicados en Ediciones Obelisco), de los que se han vendido miles de ejemplares en países como China, Rusia, Indonesia, países árabes y España.

Elaine es una profesional de la nutrición y la dietética que publica en *Webmd.com* y en revistas especializadas, y que aparece con frecuencia en la radio, en documentales educativos y en programas de televisión. Está licenciada en ciencias de la nutrición en San Jose State University, con una especialización en ciencias químicas. Asimismo, cuen-

207

ta con un máster en nutrición y salud pública de la UC Berkley y está cualificada como dietista profesional.

Colaboración de Christine Frissora

Christine Frissora es profesora de medicina general y gastroenterología en el Centro Médico NY-Cornell, y está especializada en trastornos funcionales del aparato digestivo. La doctora Frissora ha impartido clases por todo Estados Unidos a médicos, enfermeras y otros profesionales de la salud. Se ha publicado un gran número de sus trabajos y goza de una extraordinaria reputación en el tratamiento del síndrome del colon irritable y otros trastornos del aparato digestivo.

Agradecimientos

Estoy muy agradecida de haber conocido a la doctora Christine Frissora, especialista del síndrome del colon irritable (SCI). Desde ese día, ha trabajado codo con codo conmigo en la revisión de este libro, compartiendo desinteresadamente sus conocimientos y su entusiasmo. Ha sido un regalo enorme poder contar con su aportación y su experiencia tanto en el prólogo del libro como en su contenido; me gustaría mostrar mi más profundo agradecimiento y respeto.

Índice